一本书读懂50部哲学经典

読まずに死ねない哲学名著50冊

[日] 平原卓 著

吕雅琼 译

精英力 ELITE POWER

中国出版集团 现代出版社

前言

说起“哲学”，你会有怎样的印象？

如果有人一脸认真地对你说“我研究哲学”，你应该会觉得这个人非常聪敏睿智吧。假设有本《哲学家名言500句》之类的书，也总会使人有种仿佛读过之后就会变得聪明一点儿的感觉。

然而，与此同时，你也许还会觉得学哲学并派不上用场（也就是说无法变现）或者哲学本身就极为怪诞可疑。

在哲学领域中，声称“我可是有哲学护体的人”之类的人生哲学，以及主张“这才是真理（只有我才知道真理）”之类近乎迷信的内容，的确也不在少数，比如像下面这段对话呈现的那样：

“我研究哲学。”

“哦，是吗？虽然我也不太懂哲学到底是什么……但是感觉你好厉害啊！”

“虽然说哲学知识也没办法马上变现。”

“……”

“但是比起赚钱这种事，你难道不想探索宇宙真理吗？”（笑）

“……”（你这家伙没事吧？）

在现代社会，我们允许各种不侵犯他人自由的言论存在。但是，在名垂青史的哲学家中，几乎没有谁会用“只有我才知道真理”这样恍若预言家般的语气。

这并不意味着哲学没有任何功用。哲学正是在“所谓绝对真理并不存在”这一深刻共识之上，将目光转向了生存意义和价值。

迄今为止，哲学探索了生活在现代社会的我们仍然会遇见的问题，比如我们是否能够达成共识、何为好的社会、恋爱的意义何在、怎样才是充实的人生等，并且给出了令人信服的答案。本书中介绍的五十部作品，即是在此过程中形成的哲学结晶。

哲学到底是什么？

虽然这样说多少有些简单粗暴，一言以概之，哲学就是通过“概念”创建共识的过程。我们在哲学上称之为“共识的语言游戏”。

“游戏”一词或许会让你感觉有些茫然。此处的要点在于，哲学是共同从“一”开始重新思考问题并且创建全新共识的活动。这个活动既有可能成功，也有可能失败。不能事先确保活动一定成功，就是“游戏”一词所蕴含的深意。

在这个意义上来说，哲学是在遇见问题时才能体现出其真正价值的工具。能否突破重重困难作出令人深深信服的回答、提升人每日的思考，即是哲学学说的试金石。

如果最终不能给出他人认同的答案，那么探索者如何博学也没有意义。哲学中没有留给权威的位置。以敏锐的同感力及历经锤炼的洞察力，抓住问题一端，将问题提炼为能够共同理解和探索的形式并给出具有说服力的答案的人，才能留名哲学史，为后代反复阅读与思索——这就是哲学。

哲学是概念的工艺

哲学的有趣之处在于思考的材料源于每个人的生活。注目于心之所动，恰到好处地将之化成概念。在这个意义上来说，哲学可以说是“概念的工艺”。制作精良的概念流芳百世，粗制滥造的概念惨遭淘汰。这个道理虽然简单，却也十分残酷。

因此，古典哲学作品可以说是“概念的传统工艺”。古典作品并不是因其古老而为人称道的。正是由于其品质优秀才被无数次地阅读、讨论与考验。经得起细细琢磨的持久力和耐久性，就是古典作品的本质。

在阅读古典作品时，我们应该牢记的是，要以我们这个时代的问题意识再次考验作品。否则，古典作品就会变成单纯的英雄列传。虽然英雄列传本身也十分有趣，但是如果我们想要发挥哲学的效用，就要一气将视哲学家为伟人的态度扔进垃圾桶。这是从哲学角度读古典作品的第一步。

刚开始阅读哲学书籍时，读者大概会惊于哲学书的晦涩难解。虽然其中也有像柏拉图或笛卡尔之类不需要相关知识储备就能相对轻松地读下去的作者，但是也有像康德、黑格尔或者胡塞尔等使读者感到不知所云的哲学家。

由于哲学本身也是一门学问，那么一定程度的困难是难以避免的。如果所有人都能马上理解一切内容，哲学也无法作为一门学问存留下来。话虽如此，哲学的难度也确实是超出了必要程度。

哲学在普罗大众中经历考验、发挥效用。因此，苏格拉底曾和街上的年轻人们热烈讨论，笛卡尔为了学习人世间这本书也到城市中来。倘若我们忘记这样的态度，使哲学带上知识分子的智力游戏的色彩，那么从那一瞬间起，哲学的“灵魂”就开始腐坏了。

没有哲学的人生?!

这是一本哲学入门书。它的目的在于尽可能地细细剖解哲学家留下的作品，向读者展示哲学是怎样运作、传承下来的。

我最开始读哲学书的时候，也吃了很多苦头。虽然当时读的确实是业已翻译成我的母语日语的哲学著作，但是总觉得好像在读很像日语的外语一样，完全看不进去。

因缘巧合之下，我创建了“Philosophy Guides”网站，把从哲学书里学到的东西做成备忘录传到网上。在这个过程中，我也逐渐习惯了这些哲学著作的翻译风格。

此次执笔之际，我也想化身“哲学翻译家”，在书中尽量使用平实易懂的表述。

一生与哲学无缘当然也是一种活法，我也无意对此表示否定。但是我确实认为，一生都不接触这些自古希腊传承至今的人类智慧，未免有些太可惜了。

实际上，也确实有许多人都出于兴趣浏览“Philosophy Guides”。许多人虽然不知道读哲学有什么用，却不满足于没有哲学的人生。他们想从中学到有关生活方式、社会、恋爱的知识。我认为，不读哲学书、不会读哲学书的人也不例外，我们人类心中一定都有这样对知识的渴求。

我无意在这里卖弄学识。谈及知识储备，与哲学巨匠们相比，我简直是井底之蛙。但是，在学习哲学的过程中，最重要的并非知识储备，而是是否有优秀的思考方式，即能否找到具有普遍性的原理。我在本书中选择的哲学家们，大都将优秀的原理放在了哲学这张桌子上。至于怎样去看待这些原理，则是交托给我们的问题。

我坚信哲学蕴含的可能性。哲学并不是为了否定这个世界而存在的。只有在使人把握改善世界与人生的条件，并且提出实现条件的基本原理时，哲学才能发挥其作用。如果本书能够为此尽上一分微薄之力，我将深感荣幸。

哲学史脉络

首先，让我们通过一些关键词及短句，回顾一下哲学史的概况（如图1所示）。

_古代

哲学之开端。从利用神话传说转向通过概念理解、说明世界。

_中世纪

基督教时代。哲学被视为是神学的婢女。

_近代

自由的时代。针对道德、社会进行原理性设计。

_现代

反近代、反哲学的时代。对近代的理念失望，有重建的征兆。

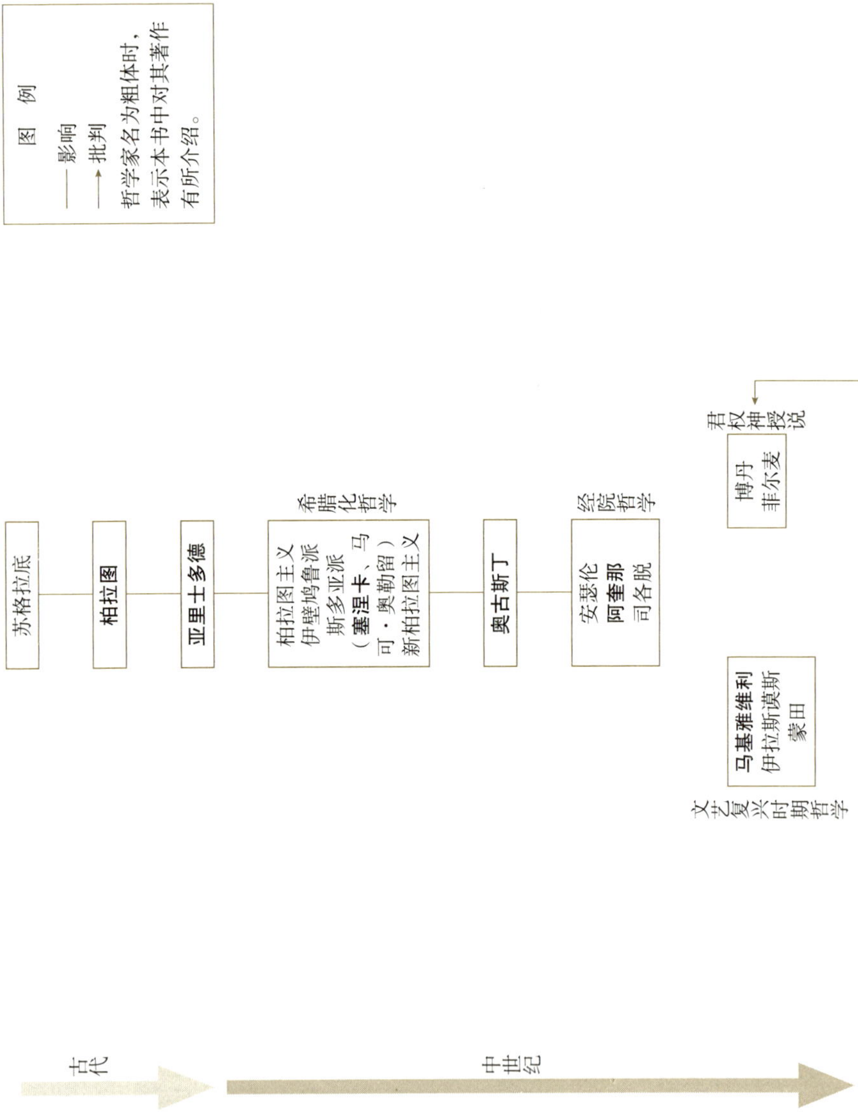
图例
—— 影响
→ 批判
哲学家名为粗体时，表示本书中对其著作有所介绍。
古代
中世纪
苏格拉底
柏拉图
亚里士多德
希腊化哲学
柏拉图主义
伊壁鸠鲁派
斯多亚派
（塞涅卡、马可・奥勒留）
新柏拉图主义
奥古斯丁
经院哲学
安瑟伦
阿奎那
司各脱
文艺复兴时期哲学
马基雅维利
伊拉斯谟斯
蒙田
君权神授说
博丹
菲尔麦

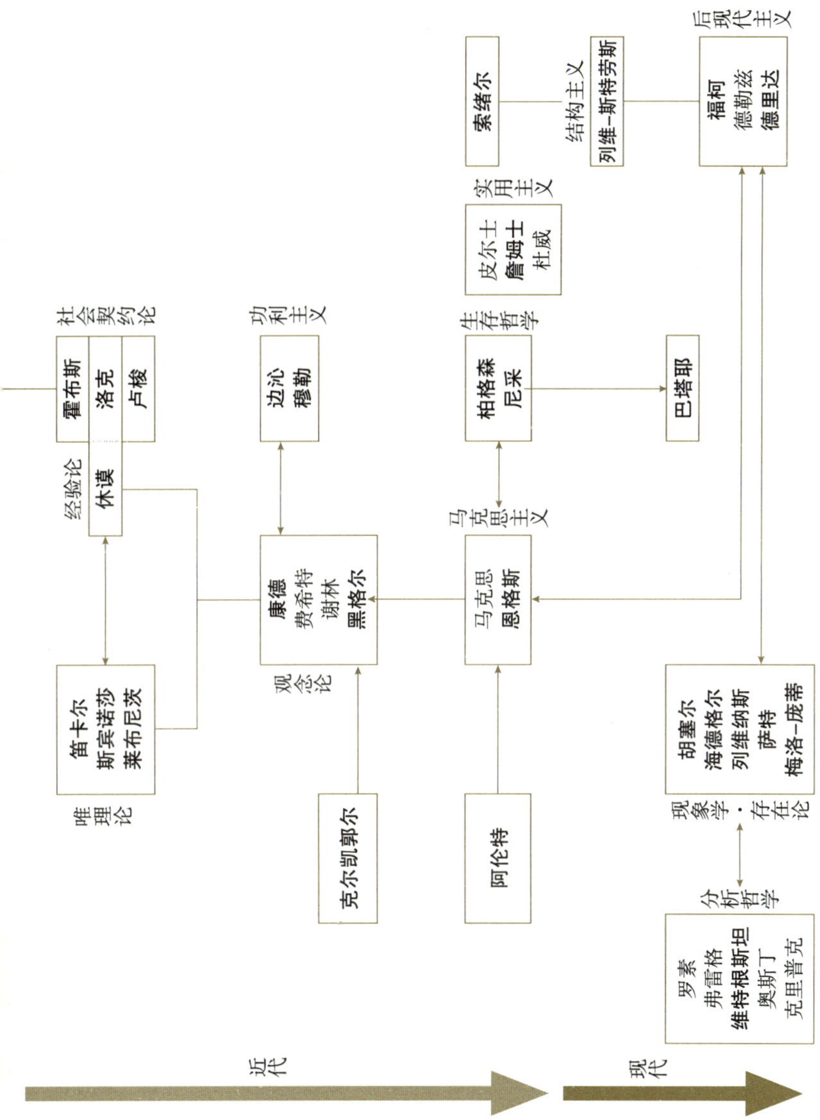
唯理论
笛卡尔
斯宾诺莎
莱布尼茨
经验论
休谟
社会契约论
霍布斯
洛克
卢梭
观念论
康德
费希特
谢林
黑格尔
克尔凯郭尔
功利主义
边沁
穆勒
阿伦特
马克思主义
马克思
恩格斯
生存哲学
柏格森
尼采
实用主义
皮尔士
詹姆士
杜威
索绪尔
结构主义
列维-斯特劳斯
巴塔耶
后现代主义
福柯
德勒兹
德里达
现象学·存在论
胡塞尔
海德格尔
列维纳斯
萨特
梅洛-庞蒂
分析哲学
罗素
弗雷格
维特根斯坦
奥斯丁
克里普克
近代
现代

图1 哲学史略表

古代

欧洲的哲学诞生于公元前七世纪的希腊。

当时，哲学之祖泰勒斯活跃于希腊城邦米利都。米利都与埃及、美索不达米亚等地域交流频繁，其地位相当于今日所说的国际大都市。泰勒斯意识到，借由希腊神话解释世界是欠缺普遍性的。因此，他用“水”这一概念取代希腊神话所述，以“水”为世界本原。哲学亦自此诞生。

此后，古希腊哲学巨匠柏拉图在其师苏格拉底的影响之下，从物理秩序重新审视世界，以之为意义与价值的秩序，极大程度上促进了哲学发展。同时，柏拉图也开启了探寻善、美等各种价值观念之本质的先河。

中世纪

进入中世纪以后，随着基督教的发展壮大，哲学也被纳入其下。这一阶段的哲学呈现出“经院哲学”的形态。

“哲学是神学的婢女。”这句话清楚地反映出中世纪哲学的姿态。哲学的价值在于成就信仰，这就是经院哲学的特征。

经院哲学的代表人物是托马斯·阿奎那。他建立起以神为根本原理的体系，以期整合信仰、调解不同宗派之间的对立与冲突。

近代

形容近代时，最贴切的关键词就是“自由”。

文艺复兴过后，数学及自然科学的进步使人们开始怀疑基督教的绝对性。上帝造人的观念不可逆转地分崩离析，人不再是受造物，而应当是独立的存在。

中世纪时，人们认为，人无法依靠自身力量探求真理或归向善。单凭人类的理解力是无法触及真理与善良的，一切都是凭借神的恩宠。这就是经院哲学的前提。

近代以来，神退居幕后，上述观点也开始发生变化。人类可以通过理性判断何为真理、何为良善，“道德”的概念也应运而生。

中世纪没有给道德生长的余地。人的行为规范均是由神言所定。近代以后，随着道德观念的确立，近代社会的概念也逐渐成形。世界的秩序并非神定，人理应构建出一个所有人都能自由地追求自己认为“好”的社会。霍布斯、卢梭及黑格尔等近代哲学家，均在各自的情境中对此展开探索、给出答案。

现代

对哲学来说，现代是一个复杂的时代。

工业革命以后，人们期待近代哲学描绘的理想成为现实。然而真的打开潘多拉的魔盒之后，我们看到的近代社会却是一个产生巨大差距的系统。

马克思主义及后现代思想慧眼如炬，意识到这样的“矛盾”，并从反近代的立场出发，集中炮火攻击近代的哲学思想。

现代也存在接纳并彻底锤炼近代哲学设计出的各种理念的动向。比如，在认识论上有尼采及胡塞尔，在社会哲学上有阿伦特等哲学家的探索与尝试。

现代是一个难以判断学说价值的时代。随着世代更迭，各类学说玉石混淆的状况也许还会持续下去。有些学说问世后仅仅数年就土崩瓦解，有些学说却如钻石原石一般璀璨夺目。倘若要辨别哲学学说的价值，不能以一种价值尺度等量齐观，必须运用基础哲学素养和从“一”开始重新思考的“自律”意识进行判断。

阅读哲学书籍的小贴士

不放弃，有韧性，一边阅读一边思考。

_ 哲学家和我们一样都是人，我们都具有同样的理性。

_ 只要踏实地往下读，你一定会邂逅“福至心灵”的瞬间。

注意捕捉作者的意图。

_ 边读边问：“他/她为什么要讨论这样的问题？”

_ 不纠结于细枝末节。

_ 摸清作者的意图，作品的可读性及可理解程度都会有所提升。

反复读。

_ 只读一次就能理解几乎是不可能的。

_ 边读边在留白处写笔记。

和小伙伴一起读。

_ 独学难免会有痛苦和寂寞的时候。

_ 尽可能和小伙伴一起读，一起思考。

_ 有时候也可以开读书会，结束后再一起喝茶饮酒。

_ 只要功夫深，铁杵磨成针。

不必因为对方是名留青史的哲学家，就过于敬畏。

_ 哲学家未必是好作家。

_ 有些哲学家的文章十分晦涩，读来会让人怀疑是不是自己的理解力有问题，甚至因此丧失自信。

_ 其实，对读者阅读体验不管不顾、随心所欲地展开论述的哲学家也不在少数。

_ 重要的是，我们需要边读边注意作者的主张是否合理。

目录

古希腊

通过宗教以概念阐释世界

中世纪
基督教神学中的哲学

近 代

探求普遍性

现代之一
从尼采到海德格尔

现代之二
从梅洛-庞蒂到德里达

古希腊

通过宗教

以概念阐释世界

《苏格拉底的申辩》[1]
Apology of Socrates

柏拉图

（Plato，公元前427年—公元前347年）

有关好好生活的哲学

① 可参阅《游叙弗伦·苏格拉底的申辩·克力同》（商务印书馆 1999 年出版，严群译）。

“要尽可能使自己的灵魂变得更好。”

何为真？何为善？怎样生活才算是过上了“好”的生活？我们在日常生活中常因这些问题感到困惑，古希腊哲学家柏拉图也是如此。柏拉图在其师苏格拉底[①]身上，看到了一位不断叩问并尝试回答究竟什么才是“好”的生活的哲学家的姿态。

怎样才算好的生活呢？

苏格拉底与承其衣钵的柏拉图是哲学史上最早开始思考这个问题的哲学家。

在这一章节中我们将一起阅读的《苏格拉底的申辩》，是柏拉图的早期对话录之一。

公元前404年，以雅典为首的提洛同盟与以斯巴达为首的伯罗奔尼撒同盟之间爆发了伯罗奔尼撒战争，战争最终以雅典战败告终。

① 苏格拉底（公元前470年—公元前399年）：古希腊哲学家。苏格拉底活跃于雅典，一生未留论著，其思想由弟子柏拉图等人传承。

五年后，为了让哲学家背负战败的责任，雅典政界的重要人物阿尼图斯指使莫勒图斯向雅典法庭状告苏格拉底“不信城邦[1]诸神，使青年堕落”。

目睹审判全程的柏拉图从头至尾地记录了苏格拉底的申辩。

只说真话

在当时的希腊，教授辩论技巧的智者学派[2]势力强大。善于辩论是成为政治家、出人头地必不可少的素质。在辩论中打动听众的心、将谈话引向对自己有利的方向十分重要。

在这样的情况下，被智者学派告发的苏格拉底在申辩最初就说：

“雅典的人们，控告我的人做了完美的陈述。完美到几乎使我忘了我自己到底是谁。然而，我并不擅长申辩，甚至从来没有来过法庭。雅典人，不要关注我的用词，请倾听我所说的是不是真话。”

简单来说，苏格拉底想要人们摒弃遣词造句、表情及声音造成的偏见，而仅去捕捉话中的真相。

---

① 城邦（polis）：源自希腊语，指公元前 8 至前 2 世纪古希腊各地建立的小规模的城市国家。城邦是在一定历史条件下由原始公社演化而来的一种公民集体。

② 智者学派：公元前 5 世纪至 4 世纪初以雅典为活动中心的希腊知识分子，向富人收取学费、传授知识及辩论技巧，也被称为“诡辩派”。比起追求真理、探明伦理问题，智者学派更注重说服、击败辩论对象，因此对智者学派的负面评价甚多。

那么，所谓“真相”到底是什么呢？

无知之知

苏格拉底在申辩过程中表示，自己拥有与智者学派不同的智慧。这种智慧是“无知之知”[①]。也许许多人曾在课本中看到过这个词，但是可能只有少数人知道它的出处。

苏格拉底如是说——“我曾在德尔斐神庙里问过：‘有比我更有智慧的人吗？’神明显灵回答道：‘没有人比苏格拉底更有智慧。’”

我们暂且不论这件事的真伪。苏格拉底从来不认为自己是有智慧的人，德尔斐神谕[②]使他大为震惊。怎么会没有人比如此无知的自己更有智慧呢？苏格拉底十分不解。直到想起他与某个政治家的对话时，他才终于明白了神谕的含义。

“那个政治家确有许多关于经营生活的智慧，但他对我们真正应该了解的‘善’与‘美’一无所知……”

似乎正因为这一点细微不同，我比他更有智慧。对我来说，不知为不知。我似乎只在这一小处胜过他。

---

① 无知之知：即自知无知。在意识到自己的无知时，你就胜过了对手。无知之知被认为是探索真理时应该具备的态度。

② 德尔斐神谕：古希腊人向神庙祭司提出他们关心的问题，然后祭司以神的名义作出的回答被称为“神谕”。在古代希腊，德尔斐神庙的神谕时间最持久、影响力最大，对当时社会的政治、文化、思想等方面都产生了深远影响。

苏格拉底说，不仅是这位政治家，回想他曾经访问对谈过的其他贤名在外的人物，他们似乎也是只有关于世俗的无聊知识，却能像遍知天下一切事一般滔滔不绝。

在这一点上，苏格拉底与这些人形成了鲜明对照。苏格拉底能意识到自己的无知，从“一”开始探索真正值得思考的事物。

应当关心自己的灵魂

真正值得思索的问题不是怎样才能获得成功，而是如何过上“好”的生活。那么，怎样才算过上好的生活？苏格拉底以“对灵魂的关心”为关键词，继续向听众申辩。

“如果我能获得释放，我会遵从神的旨意，劝说人们：‘你们是伟大城邦雅典的公民[①]，不要如此关心能赚多少钱、能收获多好的名声或多高的地位，你们真正应该关心的是如何使自己的灵魂变得更好。’”

苏格拉底认为，好好生活就是要注意使自己的灵魂变得更好。无论花费多少金钱，如何修饰容姿，都无法使内在的灵魂变得更好。唯有促使灵魂朝着更好的方向前进，灵魂才会变得优秀。

---

① 公民（polites）：源自希腊语，由“城邦”(polis) 一词衍生而来，原意为“属于城邦的人”。古希腊各城邦政治体制不尽相同，但社会结构大体一致，主要由公民、外邦人和奴隶三个阶层组成。希腊“公民”条件为：父母祖籍均属本城邦（纯属本邦血统），拥有一定财产，能自备武装服兵役的成年男子。

探索崭新伦理观的哲学家苏格拉底

《苏格拉底的申辩》中描绘的苏格拉底，确实是一个怪人。

简单来说，苏格拉底的主张就是——“谁都不能阻止被神选中的我去批判人们、督促人们关心自己的灵魂”。

但是从这本书中可以看出，对于柏拉图而言，苏格拉底是一个不受当时的文化、习俗等价值观限制的哲学家。他怀抱一种“无知之知”的自知之明，从零出发彻底地探索什么才是真正“好”的事物。

苏格拉底最终败诉，饮鸩而亡。然而，他对“我们真正应该求索的是善与美”的坚定信仰被其弟子柏拉图继承，成为《斐德罗篇》《理想国》等柏拉图对话录的中心思想，并在这些作品中得到了进一步的深化。

《会饮篇》①

Symposium

柏拉图

（Plato，公元前427年—公元前347年）

有关爱情的犀利观点

① 可参阅《会饮篇》（商务印书馆 2013 年出版，王太庆译）。

“恋爱就是以永远地占有美好事物为目标的欲望。”

恋爱是难以理解的体验。它总在我们还没有意识到的时候袭来并俘虏我们。等我们忽然回过神来，已经无法将思虑抽离所爱之人。我们无法抑制那种想更了解、更靠近他或她的心情。这种感情到底是什么呢？柏拉图是哲学史上首位着手探索这一问题的哲学家。

《会饮篇》属于柏拉图中期对话录。在这本书中，斐德罗、包萨尼亚、鄂吕克锡马柯、阿里斯托芬、阿伽通六人轮番登场，讨论希腊神话中的爱神厄洛斯[①]，探索爱情的本质。

此处有必要特别说明的是，本篇中提到的爱指的是“少年爱”[②]。如今，与少年之间发生的情爱往往被认为是“异常现象”，但是在

---

① 厄洛斯（Eros）：希腊神话中的爱神，希腊神祇阿芙洛狄特之子。厄洛斯相当于罗马神话中的丘比特。

② 少年爱：古希腊社会提倡年长男性对年轻男性施以教育，两者之间形成的社会关系被称为“少年爱”。

当时的希腊社会，“少年爱”却被默认为是城邦公民们需要承担的义务。

从形式上来看，古希腊的恋爱与现在通常意义上的恋爱截然不同。也许有人会因此认为，柏拉图的恋爱观对现代人来说没有参考价值。

这种想法在某种程度上来说是正确的。但是，也许正是因为古今恋爱之间存在如此差异，柏拉图的《会饮篇》才更加值得我们细细品味。如果我们读后感到能够认同柏拉图的某些观点，也就能证明柏拉图成功地抓住了恋爱的本质。

礼赞爱神

在《会饮篇》的前半部分中，苏格拉底以外的五人轮流赞美了爱神。这五名赴宴者的观点分别代表了在当时哲学家及智者学派间流行的看法。下面，我们来简单回顾一下各位登场人物的发言要点。

率先登场的斐德罗认为，爱神的出身使他应受礼赞。斐德罗承袭希腊神话的观点，认为爱神是使人们获得德行和幸福的最强力量。

其后登场的包萨尼亚指出，爱神也有两种类型，斐德罗不加区分地一概评价是不到位的。在包萨尼亚看来，第一种爱神引起的爱情是没有节操的爱情，第二种爱神引起的爱情则是对具有理性的男性产生的爱情。包萨尼亚认为，第二种爱情才值得赞誉。

第三位登场的鄂吕克锡马柯针对斐德罗及包萨尼亚的发言，表明同时追求德行的爱情才配得起真正的赞赏。

鄂吕克锡马柯之后，阿里斯托芬①继续发言。面对之前三位发言者具有智者学派色彩的观点，喜剧作家阿里斯托芬援用了一个虚构的故事来夸赞爱神。

“人类本来不分男女。然而，由于人类对众神始终态度不逊，宙斯便把人类分成了男、女两类。因此，为了恢复原本的姿态，人类自然而然地不断寻找自己失落的碎片。”

爱情是一种使人变得完整的浪漫憧憬。这就是阿里斯托芬所说的重点。

最后一位发表演说的是阿伽通。阿伽通是著名智者高尔吉亚的弟子，他以巧妙的表现手法赞颂爱神。

“在众神之中，爱神最为年轻高雅。此外，他还具有正义之德、不屈从于欲望的谨慎之德。厄洛斯是最美好的存在，所有神明和人类都为之倾倒。”

在阿伽通演讲时，参加讨论的诸位发言者齐声喝彩，称赞阿伽通的精彩演说。

在看过五位发言者的发言之后，我们会发现，他们都是从希腊神话出发、谈论并讴歌爱神。然而，苏格拉底认为他们的赞美全都出自“臆见”②，他们所说的都不是真话。

---

① 阿里斯托芬（Aristophanes，前 446 年？—前 385 年？）：古希腊早期喜剧代表作家。一生大部分时间在雅典度过，同哲学家苏格拉底、柏拉图有交往。

② 臆见（doxa）：又译作“公众信仰”或“公众知识”，凭借个人经验或想象作出的判断。或指不同于柏拉图及亚里士多德等立足于理性的见解，门外汉式的、感性的、根据日常经验产生的想法等。

“你们颂扬爱神的方法确实精彩，但是这与爱神也即是爱情的‘真相’无关。我不像你们一样在意表达方式是否优美，我只想说真话。”

爱是对善、美事物的欲望

苏格拉底开始讲述从住在曼底内亚的预言者、女巫狄欧蒂玛处听来的关于爱神的一番话，以此来解明爱的真相。

我们现在并不清楚狄欧蒂玛是否是真实存在的历史人物，但是一般都认为她是柏拉图为了阐明自己的观点而创造出来的人物。但是这一点并不重要，关键的是我们是否能够认同柏拉图使狄欧蒂玛讲述的内容。

接下来，就让我们看看苏格拉底和狄欧蒂玛究竟展开了怎样的对话。

“爱到底是什么呢？爱对我们来说有什么意义呢？”

对于苏格拉底的疑问，狄欧蒂玛如是答道：

爱就是以永远地占有美好事物为目标的欲望。

说起“美好事物”，也许你会联想到道德或宗教意义上的“善”，但是此处所说的是具有浪漫色彩的美好。如果你曾自某人的细小举动中看出美妙之处，不停地回想并因此感到心中甜蜜，这就是狄欧蒂玛所说的爱。

与世俗利益、道德和宗教之善相比，恋爱中的美好具有本质性不同的意义与价值。

如果你觉得“这不是理所当然的吗”，准备将《会饮篇》扔到一边，请稍等。如果我们结合自身恋爱经历，再读苏格拉底所说的美好，我们很难不产生认同感。也正因此，生活在文化及世界观与今迥异的时代的苏格拉底（或者说是柏拉图）的锐利洞察力，值得我们赞叹。

以肉体之美为入口

接下来，狄欧蒂玛与苏格拉底谈论“爱的道路”。

“恋爱的人必须从美好的肉体开始。在体验肉欲之美之后，必须转向美好的灵魂、美好的事物。最终必须达到关于美的本质的认识。”

“柏拉图式爱情”是一种否定恋爱中有关肉体欲望的侧面、强调精神方面价值的恋爱方式，但是实际上这与柏拉图本人提倡的恋爱形式不同。柏拉图认为美好的肉体是爱情的首要条件。

柏拉图并不否定美好外貌。反之，他认为肉体之美既是恋爱的契机，也是萌生情愫的本质条件。

有关恋爱本质的论断

由于文化及时代差异，我们无法直接运用柏拉图的见解。近代提倡的自由恋爱的意义，还需要从不同角度重新思索。

但是，我们可以从柏拉图有关恋爱的论断中，找到使自己的人生更有意义的方法。仅仅是喜欢上某个人，就能使自己的人生更加明亮。

明明只是匆匆一瞥，却抑制不住地想起那个人，想要再多了解一些，再靠近一些。世界也因此有了色彩和意义。在哲学史上，柏拉图最早关注并描绘出了这样的心的波动。

《斐德罗篇》[1]
Phaedrus

柏拉图

（Plato，公元前427年—公元前347年）

关于恋爱及共识本质的论断

① 可参阅《柏拉图四书》（生活·读书·新知三联书店2015年出版，刘小枫译）。刘小枫在《柏拉图四书》中将篇名译为“斐德若”，本书中仍然沿袭常见译名“斐德罗”。

“对迷狂者或其知交而言，这种迷狂才是所有神明附体状态中最好的，或者说是来自最好的。”

柏拉图在《会饮篇》中描绘出讨论恋爱的场面，探究了对于我们来说恋爱具有什么意义这一问题。他的核心观点是，恋爱是希望将美好事物永远占为己有的欲望。

在《斐德罗篇》中，柏拉图更进一步，用故事勾画出精神欲望与肉体欲望的对立与冲突。

在恋爱中，我们不仅会产生精神欲望，还会产生迷恋美丽外表的肉体欲望。这种肉体欲望也具有本质意义。《斐德罗篇》中描绘的恋爱状态即是一种精神欲望与肉体欲望同时高涨、超出日常体验的少见状态。

在这本书中，关于恋爱的对话占大约一半的篇幅，其余部分则是关于辩论术的对话。

认清恋爱的“本质”

书名中的“斐德罗”是一位上进好学的年轻人。修辞学家吕西亚斯来到雅典后在下榻之处讲述的恋爱论，强烈地吸引了斐德罗。斐德罗将其恋爱论转述给苏格拉底，开启了这场对话。

吕西亚斯的观点是这样的：“我们一般都会认为，选择爱自己的人是好的。但是我认为，我们反而应该与不爱我们的人在一起。陷入爱情的人会被爱情的力量冲昏头脑，不能好好地考虑自己的事。”

陷入爱情时，我们有时无法作出理性的判断。正因为如此，我们才应该将自己交付于能够劝谏我们的人。结合我们的亲身经历来看，很难说吕西亚斯的观点毫无说服力。但是，苏格拉底认为这种看法也是一种臆见，并非“真实”的知识。在苏格拉底看来，吕西亚斯的论证方法本身就有问题。

吕西亚斯以为，陷入爱情的人虽然会在欲望的驱使下大献殷勤，但是梦醒之后可能会后悔自己的种种举动。在爱情中产生的欲望只是一时的，无法长期维系亲密关系。

对此，苏格拉底反驳道，虽然吕西亚斯的见解初看之下似乎合理，但是首先我们必须思考恋爱本身到底是什么，而恋爱的意义又是什么。否则，我们的论题就会扩散开来，论点也会变得暧昧模糊。

一个人无论要讨论什么，若想得到好结果，必须在最开始就明确谈论的事物的本质[①]。否则，就一定会面临失败。

---

① 本质：指某一事物固有的根本属性。“本质”有时也被解读为究极真理、隐藏在事物背后的根本属性。在此处是“达成共识的意义”。

为了达成共识，首先必须探明议题的本质。这个原则不仅适用于这篇对话录，也是哲学的基本原则。

恋爱的本质是好的迷狂

恋爱到底是什么？为了回答这个问题，苏格拉底从诗人斯特昔科鲁的故事讲起。他说，恋爱的本质是好的迷狂。

听到“迷狂”二字，有人也许会感到狐疑。但是苏格拉底认为，迷狂非但不是坏的，还是一切美好事物的源泉。他将超出日常体验的感性状态称为迷狂。

理念究竟是什么？

恋爱的本质是好的迷狂。柏拉图在书中用“理念”[①]的故事来对此进行说明。

理念是什么呢？理念是规定事物性质的“本体”。

假设我们眼前有电脑、桌子和椅子等物品。世界上存在各种各样的电脑（比如台式或笔记本等），单单“电脑”一词却可以概括所有类型的电脑。这到底是为什么呢？柏拉图认为，这是因为各种电脑都分有[②]“电脑”这一理念。

---

① 理念：柏拉图哲学中的核心概念，指使事物成立的根源性存在。

② 分有（participation）：又作“分享”，柏拉图思想的重要概念。柏拉图以“分有”一词表示，现实世界的万事万物都表现、分享了各自对应的理念。

同样，桌子有桌子的理念，椅子有椅子的理念。也正因为此，我们才能认识到这些物品是电脑、桌子或椅子。

但是，我们也会感到困惑。为什么我们能知道眼前的各种电脑、桌子、椅子都分有各自的理念呢？我们从何时、在何地得到了这样的认识呢？

苏格拉底（或者说是柏拉图）的答案是，我们的灵魂在投胎之前一直在观照理念。认识各种对象时，我们都是在回忆曾经观照过的理念。

理念的故事还在展开。

> 让我们把我们的灵魂想成是两匹马及手执缰绳的控马人吧。这马有翅膀，能够翱翔天际。那时，灵魂跟在诸神的灵魂后面前进。诸神的灵魂驶向天穹，最终步入天外之界。我们的灵魂也随之进入天外之界，在那里遍观了包括正义与真理在内的种种理念。但是我们的灵魂不能再跟着神魂的行列往前，掉落到地上、与肉体结合，人也因此降生于世。因此，我们在这个世界上认识各种事物时，其实是想起过去观照过的种种理念。

单看这则讲述灵魂不灭的故事，我们很难说它具有普遍性与说服力。但是其实我们这样认为，也是在“以今非古”。这则故事中真正重要的是其中对“美”的理念（或说美的本质）的分析。

“‘美’的理念与其他理念不同，我们无法简单地将之忘却。因此，我们在这个世界看到美丽的人时，过去在天穹之外观照到‘美’

的理念的记忆苏醒，一时间如潮水般涌来。美丽的人是医生，能够治愈因不能看到‘美’的理念而苦恼的我们。”

对“美”的理念的欲望从意识的对岸袭来。美是要被体会的。也正因为此，恋爱的本质是超出日常体验的、希求再次品尝至高之美的“迷狂”。

精神欲望与肉体欲望

柏拉图为了捕捉灵魂陷入恋爱时的特点，继续讲述理念的故事。

> 两匹马之中，一匹是知节制、亲近主人、服从命令的好马，另一匹则是放纵、自傲、不听命令的坏马。在灵魂看到美丽的人时，温顺沉稳的好马会控制自己不向那个人飞奔而去，但是坏马却强逼控马人和好马一起向美丽的人扑去，渴求与之共同沉溺在爱欲之中。
>
> 因此，灵魂会靠近美丽的人，观其动人风姿。控马人不敢再向前，自美丽的人面前退下。但是，坏马仍然不知节制、试图继续靠近美丽的人。控马人竭尽全力勒住坏马，坏马这才服从于谨言慎行的控马人。

柏拉图在此处讲述了坏马服从于良马的故事。但是，实际上也有可能发生坏马唆使良马的情况。既然恋爱是一种“迷狂”，那么爱欲压倒思虑的情况也是可能发生的。

我们应该关注的是，柏拉图认为精神欲望和肉体欲望共同构成了恋爱。两种欲望，缺一不可。细细想来，确实如此。

考虑是否能够达成共识

围绕恋爱展开对话之后，苏格拉底与斐德罗回顾最初提及的吕西亚斯的观点，转向讨论究竟何为“辩证法”，“展开讨论”到底是怎么一回事儿[①]。

苏格拉底认为，辩证法的要点在于为了使讨论顺利进行，首先参与讨论者必须明确容易达成共识的事项和不易达成共识的事项的各自特征，并在此基础上确认将要讨论的对象属于其中哪一项。

举例来说，我们比较容易达成关于电脑或桌子的共识。它们既有形状，又有重量，都是工作时需要使用的用具。在看到和使用它们的过程中，我们会自然而然地认识到这些东西到底是什么。

但是，善、正义或美等意义和价值观念的情况却截然不同。我们未必一定能够就这些内容达成严密的共识。只有通过与认识第一类事物不同的方法，我们才能达成关于这些意义及价值观念的共识。

苏格拉底在此前提下继续展开论述。他称“正确”的议论方法

---

① 苏格拉底辩证法（dialectics）：苏格拉底曾经使用的辩证法，主张在参与者的问答过程中逐步探寻真理。

为辩证法。我们无暇在此一一确认辩证法的内容，但是其核心思想有二：其一，将具备多样性的事物或观念统合为一；其二，将统合的结果再分割为多种多样的事物。

让我们再回到开头提到的吕西亚斯的恋爱论。吕西亚斯列举了许多关于恋爱观的看法，其中有些内容激起曾经恋爱过的人的共鸣，因此乍一听可能会令人感到颇具说服力。但是，其实吕西亚斯只是为了使内容具有说服力、将各种信息散乱地放置在论述之中而已。

那么，我们应该怎样谈论恋爱呢？

按照苏格拉底的方法来做的话，我们应该首先列举各种恋爱体验之后再将其统合，明确到底什么才是应该讨论的议题。当我们达成共识、站在同一个起点之后，就可以深入讨论恋爱的意义了。

不要扩大议论的内容，朝向议题的核心深化共识。这就是苏格拉底以及柏拉图认为的好的讨论应具备的特征。

恋爱及共识的本质

我们陷入爱情时，不仅会产生渴望全部占有对方之美的肉体欲望，同时还会感到对待美时谨慎节制的精神欲望。

柏拉图还为我们规定了何为好的议论。为了达成共识，必须首先明确讨论的对象，把握讨论对象的核心。这是实现建设性议论的条件。他的观点看法比单纯认为“沟通很重要”的看法要进步了许多。

《斐德罗篇》中展现出的恋爱观是否妥当，也许仍然有待商榷。但是在这本书中提及的我们应当理解事物本质及意义这一点，在哲学这门学问内是至关重要的。

《理想国》①
The Republic

柏拉图

（Plato，公元前427年—公元前347年）

关于正义本质的对话

① 可参阅《理想国》（商务印书馆 1986 年出版，郭斌和、张竹明译）。

“‘善’的理念是最值得学习的事物。”

苏格拉底和柏拉图是哲学史上最早追问事物本质的哲学家。智者与辩论家往往从事物造成的有利情况或不利情况等事物外延入手展开讨论，苏格拉底和柏拉图却与之不同。柏拉图继承了苏格拉底的态度，将探明事物本质首次作为一个主题确立下来，极大地促进了哲学的进步。

本章节中我们将一起阅读的是柏拉图代表作《理想国》。《理想国》是柏拉图中期对话录之一，其中心思想是对正义的探讨。

如果有人问你正义是什么，你将怎么回答呢？少年也许会说正义是英雄或学校的老师；青年也许会说是警察或法官，或者法律即是正义。然而，成年以后，许多人都会觉得真正的正义并不存在，人无非是各自在利害关系下采取行动罢了。

其实以上也只是列举了有关正义的具体事例。按哲学术语来讲，这些都只是表象而已。它们并非对正义本身，即正义本质的回答。

那么，正义究竟是什么呢？正义的依据何在？对我们的生活而言，正义又有怎样的意义呢？

在《理想国》中，柏拉图尝试着找出这些问题的答案。

古各斯的戒指

正义的本质是什么？柏拉图提出的这个问题背后还有一个更加切实的问题——我们为什么一定要服从正义呢？

书中，一个叫格劳孔的人物讲了一个故事。

> 有一天，牧羊人古各斯放羊时，意外发现了一个大洞穴，他在洞中发现了一枚黄金戒指。古各斯戴上戒指，不经意间发现，如果把戒指上的宝石转向手心一侧，自己就会隐形。之后，古各斯就利用戒指与王妃私通，谋杀国王并篡夺王权。

虽然这看上去只是一个普通的小故事，但是实际上这则故事以象征的手法提出了有关正义的根本问题。

这则寓言不仅事关古各斯一人。古各斯不是为了行不正之事，刻意寻觅或专门锻造出一枚神奇的戒指。古各斯只是偶然地发现了这枚戒指，又偶然地发现利用这枚戒指可以使人隐身。

在我们周遭，类似的情况不胜枚举。想象一下，如果你偶然在教师办公室的垃圾桶里发现下周小测的考卷，你能视若不见吗？如果你能事先知道题目的话，你既能通过小测，也不会被怀疑作弊……

就像这样，我们所有人随时随地都有可能遭遇古各斯面临的状况。

“照此情况，在使我们放弃不义行为而选择正义的依据中，还有哪个仍然有效？我们只要在欺人耳目的精巧伪善之下，就可大行各种不义之举。这样的话，我们无论在诸神之间或在人间，无论活着或死后，都能够随心所欲地生活。这不是普通人和权威的专家们都异口同声保证的吗？”

如果能够避人耳目地行各种不义之举，我们难道不会为了追求个人幸福而大肆行之吗？我们之所以不做不正义的事，无非是受社会和群体约束而已。这种外部牵制一旦消解，正义不也就变成了一个没有任何价值的话题吗？

虽然柏拉图在书中没有直接回答这些问题，但是这些确实是我们在思考正义的本质时不能回避的根本问题。

“善”的理念是最高理念

接下来，让我们一起看看柏拉图是如何逐渐逼近正义本质的吧。

柏拉图认为，“善”的理念是正义的根据。“善”的理念就是使事物具有“善”属性的本体。

此处需要注意的是，柏拉图规定，“善”的理念是一切理念的根据。也就是说，“善”的理念是“理念中的理念”，即最高理念。“正义”或是“美”的理念是在“善”的理念的基础上存在的。“善”的理念也是知识和真理的根据。因此，如果没有“善”的理念，我们也无法充分了解正义与美等。

有趣之处在于，柏拉图将正义的根据归结为“善”的理念而非“真”的理念，“真”的理念也以“善”的理念为根据。

换句话说，真理是因“善”的理念而存在。在此观点之下，柏拉图继续带领我们探索如何才能认识“善”的理念。

洞穴比喻

“善”的理念是正义的根据。如果能够认识“善”的理念，我们自然而然地也将知道何为正义。在《理想国》中，柏拉图用著名的洞穴比喻探讨了这个问题（如图2所示）。

图2　洞穴比喻

想象有一群人住在地下洞穴里。他们从孩提时代起就被缚住，动弹不得。他们的头被固定向前，不能看到自己身后的景象。洞穴上方燃着火，火光从身后照亮他们。请再想象有一面墙横亘在火与他们之间，有人不断举着人或动物的雕像路过这面墙，就好像傀儡戏演员不断举起傀儡木偶进行表演一样。

总而言之，这群人生来就不知道火的存在，一直以来都看着投射到眼前洞壁的阴影。他们也自然而然地认为，眼前所见并非虚影，而是真相。他们无法回头，所以也不能确认真相。

如果被绑住的这群人中，有一个人忽然被解除禁锢、被迫看向光源的话，会发生什么呢？就算我们告诉这个人，他目前为止所见的全是物品在火光映照下投射的阴影，他应该也不会相信，他坚信阴影才是真实的。

那么，如果把这个人带出洞穴会怎样呢？起初，他应该会觉得阳光太过刺眼，他甚至看不见周遭事物。为了使他看到外界的一切，我们需要给他习惯阳光的时间。一旦习惯了阳光之后，他应该不会再想回到洞穴了。

通过这个比喻，柏拉图想说的是什么呢？

简单地说，要想认识“善”的理念，我们必须使灵魂转向“善”的理念。也就是洞穴比喻中所说的，比起阴影，我们应该看的是光及光照亮的“本体”。所有想要过上“好”的生活的人都必须使灵魂转向观照“善”的理念。只有被称之为派代亚①的教育能够使灵魂转向。

① 派代亚（paideia）：意为“教育”，指古希腊教育的根基思想和体系。派代亚是使受教育者认识到什么才是正确的，并且促使其向正确方向改换灵魂的观点和方法。

“善”的理念并非少数人通过觉悟及信仰等才能认识的事物。只要通过适当的方法进行引导，任何人都能看到善的理念。这种确信支撑着柏拉图在《理想国》中展开的通篇议论。

对“善”的理念的剖析

我们很难说，《理想国》中体现的世界观是具备普遍性的。但是，比起援引现代科学批判古希腊时代的世界观，我们更应该把握这种世界观背后的深意。

苏格拉底及柏拉图之前的哲学家们借用物质概念探索了世界本原问题。哲学之祖泰勒斯①认为，水是万物的本原；泰勒斯的弟子阿那克西曼德②认为，世界本原是无规定者（或说无限者）；阿那克西曼德的弟子阿那克西米尼③则认为，世界本原是空气。

泰勒斯等人从希腊神话转向概念，试图以概念解释世界，功绩斐然。后来者柏拉图将世界的根据归结为“善”这一价值理念的举动，更具有划时代的意义，在极大程度上提升了哲学发展水平。

---

① 泰勒斯（公元前 625 年—公元前 547 年）：古希腊哲学家，公元前 6 世纪上半叶活跃于米利都。泰勒斯被誉为“哲学之祖”，他认为世界自水生成，最终也会重归为水。

② 阿那克西曼德（公元前 610 年—公元前 546 年）：泰勒斯的弟子，哲学家。他使用“无限”这一抽象概念探索世界本原。

③ 阿那克西米尼（公元前 585 年—公元前 525 年）：阿那克西曼德的弟子。阿那克西米尼认为，由于死人不呼吸，因此空气就是生命，空气也组成了世界。

《形而上学》①
Metaphysics

亚里士多德

（Aristotle，公元前384年—公元前322年）

通过概念说明世界的原理

① 可参阅《形而上学》（商务印书馆 1997 年出版，吴寿彭译）。

"爱智慧的人的学问要从整体而非局部把握存在的事物。"

亚里士多德是柏拉图的弟子。他曾在雅典开设吕克昂学园[①]，在哲学、逻辑学、物理学[②]、政治学及艺术等诸多领域颇有建树。亚里士多德著述等身，奠定了今日学科的根基。其中，《形而上学》是一本以探索上述领域，特别是以系统地探索自然世界的"物理学"为主题的著作。直到亚里士多德去世后，这些尚未发表的论文与手稿才经整理并问世。

"形而上学"[③]一词在哲学史上含义丰富。我们可以将亚里士多德所说的"形而上学"理解为"有关概念的学问"。在本书中，亚里士多德在哲学史上首次综合地论述了各种"形而上学"的概念。

---

① 吕克昂学园：亚里士多德在其资助人亚历山大三世的支持下开设的学园。

② 物理学：古希腊哲学的一部分。古希腊哲学分为逻辑学、伦理学与物理学。文艺复兴以后，物理学发展为自然科学。

③ 形而上学：探究现象背后的真理、世界的根本原理（比如神、实体等）的学问。后现代思想与分析哲学对此展开了批判。

虽然放到现代来看，亚里士多德讨论的诸多概念也许不甚妥当，但是其中也有我们现在仍然使用的概念。现在回头再看，我们很难不为生活在两千多年前的亚里士多德拥有的广阔视野感到惊讶。

对于诸多概念的解释

首先，让我们来看看亚里士多德讨论的各种概念。

坦率地说，我们现在再来看亚里士多德讨论的内容，难免感觉像在翻词典一样无聊。但是亚里士多德生活的时代，仍有许多难以理解的、不可思议的现象。如果我们能够回想在当时古代人是如何理解世界、如何思考解开谜题，也许也够兴致勃勃地读下去。

我们无法一一回顾亚里士多德讨论的全部内容，只撷取其中重要内容如下：

◆ 本原（arkhe）[①]：事物自此而存在、生成或是被认识的出发点及原理。

◆ 因：原因、根据。原因有质料因、形式因、目的因[②]、动力因四种，合称“四因”。质料因是构成事物的材料，形式因是事物的

---

① 本原：即世界根源。在亚里士多德看来，认为万物本原是水的泰勒斯是哲学史上首位追寻世界本原的哲学家。

② 目的因：即事物存在的目的。亚里士多德认为，最高级的目的因是最高善，最高级的善是在最好的社群——城邦国家中实现的。

本质，动力因是事物运动变化的起始，目的因意味着事物的终点。亚里士多德认为目的也是事物存在的原因之一。

◆ 必然：必然条件。先有“必然”，才有“偶然”。有“偶然”必有“必然”。

◆ 一：一元论所说的“一”。与多元论的“多”相对。

◆ 性质：可以分为偶然附带的与本身具备的两种。

◆ 实体：事物的基体。例如，我们说“这是笔”中的“这”。

四因中的目的因也许有些难以理解。亚里士多德认为，所有事物都包含事先确定的、需要实现的目的。比如他在《物理学》中举例说，如果一个人为了健康而散步，那么健康就是目的因；在《政治学》中，他提到最高善是城邦国家的目的因。

除了上述概念之外，亚里士多德还探讨了同与异、先与后、质与量、完全与缺失、全体等概念。且不论他对这些概念的定义是否妥当，我们确实可以看到亚里士多德准确地把握住了这些概念的核心。

神即不动的推动者

亚里士多德之师柏拉图在理念说的基础上，通过讲故事的方法说明世界。

然而，亚里士多德没有使用与柏拉图同样的方法。他通过原因与结果的推论来描绘世界图景。

颇具学者气质的亚里士多德无法接受像作家一样的柏拉图提出的理念说。在古希腊的哲学领域，徒弟如果认为师父的学说有误，可以积极地对其学说进行修改。

亚里士多德认为，事物具有“原理”与“原因”，最终都会归于寂灭。无论事物本身存在与否，作为事物原理的“运动”始终存在。亚里士多德的解释也许会令你感到云山雾罩、似懂非懂，简单概括亚里士多德的观点的话，就是：

> 只要没有什么事物实际产生运动，这个“运动”就无法存在。因为“运动”虽然是事物的原理，但是它并非事物本身。
>
> 因此，实际运动即为其本质的原理，没有质量、具有永远存在之实体的原理，也就是说第一原因必定存在。我称之为“不动的推动者”。这就是努斯[①]，即我们应该称之为神的事物，也是“一”的宇宙做环形运动的根本原因。

所有事物要运动，就必须有动因。动因背后也必须有另一个动因。

如此，我们沿着原因和结果的锁链步步回溯，最终会发现有一个自然不动却支撑着在此因果链条上的所有事物的“不动的推动者”。亚里士多德认为，这个第一原因就是世界的根本原因。

千年以后，欧洲中世纪经院哲学的代表人物阿奎那在其代表作《神学大全》中，将亚里士多德关于世界本原的理论与基督教

---

① 努斯（nous）：理解、精神、理性等。

哲学联系起来，提出世界就是以创造主之神为根本原理的“存在的网络”。

虽然亚里士多德所说的“神”几乎没有宗教性格，但是，阿奎那确实继承了亚里士多德的推论方法。亚里士多德与阿奎那都尝试通过对因果的推论，寻求世界的第一原因或第一原理，并在此基础上描绘出各自的世界观。

亚里士多德的洞察力

老实说，在我第一次读《形而上学》时，我真的觉得“这也太无聊了吧”。柏拉图的《苏格拉底的申辩》和《会饮篇》等对话录具有一种能够大大改变我们世界观的力量。相形之下，《形而上学》似乎只是没完没了地论述常识而已。

但是再仔细想想，成书于古希腊的《形而上学》中包括许多对现在的我们来说变成了常识的内容，这件事本身不就很令人震惊吗？

按德国哲学家康德的观点来看，“不动的推动者”这一推论也许确实不够妥当。但是，本书中反映出的亚里士多德提炼和总结概念的方法却是一流。

柏拉图长于探求意义与价值，亚里士多德善于分析机制与作用。同时孕育了类型截然相反的哲学家，这就是古希腊哲学的特征。

《政治学》[1]
Politics

亚里士多德

（Aristotle，公元前384年—公元前322年）

逼近人类固有的活动——政治

① 可参阅《政治学》（商务印书馆 1997 年出版，吴寿彭译）。

“人天生就是城邦动物，这一点是不言自明的。”

政治是人类固有的活动。如果我们只是动物，那么政治不会存在。我们会像山中的猴子一样，为弱肉强食的自然法则所支配。人类能够在生的理想的基础上，设计社群、通过政治活动使现有社群朝更好的方向发展。这是不见诸动物而人类独有的能力。

政治是什么？国家（城邦）是什么？国家是为了什么而存在？政治是为了什么？在《政治学》一书中，亚里士多德从实践的角度解答应该如何治理国家、怎样的国家制度才是“正确”的等问题。

国家是以“最高善”为目标的社团

在本书中，亚里士多德首先提出国家到底是什么的问题，再从这一问题出发开始探索。如果我们一开始不明确国家到底是什么，就无法讨论政治。

亚里士多德从他在《形而上学》中也曾提到的“目的因”入手，

开始分析问题。目的因是指，一切事物都具有事先决定的目的或目标。

那么，人的目的因是什么呢？亚里士多德认为，人的目的因是“善”。亚里士多德之子尼各马可编辑的《尼各马可伦理学》①指出，“我们的目的因即是善。最高的目的因就是最高善。最高的善必定存在。否则，目的的序列会无尽地延伸，我们的欲望始终得不到满足，我们最终将化为空虚”。

亚里士多德在本书中指出，国家（城邦）并非简单的共同生活的社会团体，而是一个以最高善为目的因的社团。我们有关衣、食、住等的基本需要，在家庭内部已经能够得到满足。之所以在这些基本需求得到满足的情况下，仍然有社会存在，是因为人们具有追求“善”的本性。

人类以善为目的因，国家以最高善为目的因。既然我们的目的因是善，我们自然会组建国家这一最终的社会团体。在这个意义上，亚里士多德称，人类天生就是城邦动物②。

共和制是最好的政体

如果说国家是人们为了追求善而构建的体制，那么政治学就是

---

① 《尼各马可伦理学》：尼各马可整理亚里士多德残留手稿后编辑出版的学术著作。

② 城邦动物：亚里士多德之所以称人类为城邦动物，是因为人类具有为了更好生活而组建社会团体，并且追求社会团体的提升与完善的本性。这种本性不见于人类之外的动物，是人类的天然本性。

在这一目的指导下探求最适当的体制的学问。在亚里士多德看来，怎样的政体才是最理想的呢?

亚里士多德比照着人的生存方式，探求国家应有的政体。

“对于人来说最好的生活方法就是保持‘中庸’。为什么呢? 因为最高善是‘幸福’，为此我们必须具备中庸之德。同样，政体也以‘中庸’为最善。因此，让中间阶层‘公民’主持国政、大众参与其中的共和制就是最好的国家制度。”

国家是追求善的生活的平台

亚里士多德在本书中提出的政治构想，有批判其师柏拉图在《理想国》中提出的国家制度的含义。

柏拉图设想的国家由哲学家执政[①]，即由哲学家领导国家。与之相比，亚里士多德的共和制更加均衡。虽然最近比较少见类似论调，但是过去有不少人批判柏拉图的思想，以其为集体主义的源头。

我们需要注意的是，柏拉图和亚里士多德处于截然不同的历史背景之下。其根本差异在于他们是否面临来自波斯的威胁。

柏拉图执笔《理想国》时，雅典受到来自波斯的威胁，形势依然十分严峻。因此，政治的第一要务是必须维持城邦国家的存续。

到了亚里士多德活跃的时期，马其顿王国一跃成为管束除斯巴

① 哲学家执政思想：柏拉图的理想，由深知真善美等理念的哲学家统治国家。

达以外的所有城邦国家的柯林斯同盟[①]盟主，亚历山大三世[②]征服波斯，不断扩大领土。

也就是说，从时代背景来看，在亚里士多德之时，国家已经不再以生存为首要目的了。亚里士多德必须把国家作为一个超越单纯生存要求，人们追求善也即是幸福生活的基础，在此基础上思索适当的国家体制。比起柏拉图的学说，我们也许会在亚里士多德的构想中感到更多共鸣，这也是因为亚里士多德的构想与现代社会的理念有所共振。

当然，如果我们把亚里士多德的共和制直接挪用到当今的全球化社会的话，显然有失妥当。亚里士多德的共和制以奴隶制为前提，他认为国家是最好也是最后的社会团体的观点也未必正确。虽然古今的共和制均被称为共和制，但是亚里士多德的共和制与基于基本人权理念形成的近代共和制，在原理上是根本不同的。

本书最为宝贵之处在于，亚里士多德意识到人不满足于单纯的温饱，人具有不断追求“善”的本性，并在此基础上构想政体。

要想思考政治之于人的根本意义，我们必须要首先明确人到底是怎样的存在。因为政治并非自然发生的行为，而是人创设出的制度和活动。

---

① 柯林斯同盟：公元前 337 年，斯巴达以外全部城邦国家加盟、由马其顿王国统治希腊南部的联盟。

② 亚历山大三世（公元前 356 年—公元前 323 年）：马其顿王国国王腓力二世之子，促成柯林斯同盟结成。后继承柯林斯同盟盟主之位，为讨伐波斯远征东方，扩张领土。他同时也是亚里士多德的资助人。

中世纪

基督教神学中的哲学

《论生命的短促》①
On the Shortness of Life

吕齐乌斯·安涅·塞涅卡

（Lucius Annaeus Seneca，约公元前4年—公元65年）

探索度过充实人生的条件

① 可参阅《哲学的治疗——塞涅卡伦理文选之二》（中国社会科学出版社2007年出版，吴欲波译）。

“人生本身不短，是我们使之变短了。”

中国南宋时期思想家朱熹有一句诗，“少年易老学难成”。日月如梭，学问难成。我们应当珍惜短暂时光，立志向学。这句诗恰到好处地反映出创立了朱子学这一儒学派别的朱熹对于学问的态度。

罗马帝国[①]时期，有一位与朱熹一样同样活跃于政界与学界的思想家——塞涅卡。塞涅卡因其曾经担任第五代罗马皇帝尼禄[②]的家庭教师而闻名，他作为智囊人物活跃于罗马帝国盛世之时，但是最终服从尼禄的命令，自杀身亡。

我们将一起阅读的《论生命的短促》出自塞涅卡《道德书简》，是塞涅卡于公元50年前后在罗马写给他时任罗马粮食管理行政官员

① 罗马帝国：位于亚平宁半岛的城邦古罗马向地中海沿岸地区扩张发展而来的帝国。

② 尼禄（37年—68年）：罗马帝国的第五代皇帝。有两个妻子，曾经弑母。尼禄因发生于64年的罗马大火而迫害基督教（亦有异说），直至现代都以暴君的形象出现。

的亲戚鲍里努斯的书信。

塞涅卡所属的斯多亚学派[①]体现了我们对哲学的一般印象——不吵不闹，不为欲望所困，禁欲气质浓烈，比起现实生活更加重视思考真理，等等。当时，罗马帝国社会秩序安定，人们的欲望得到释放，社会伦理废弛。具有上述特点的斯多亚学派正是在反抗这样的社会环境。

本篇书信所体现出的塞涅卡思想也是如此。比起哲学，也许将它定位为“说教”更为恰当。

人生长度因活法而不同

首先，我们来看看塞涅卡是如何看待标题中提及的“生命的短促”。

在哲学的世界里，有各种关于时间的看法。有人说时间是均等的、可计量的，也有人说时间是纯粹的质量。更具迷幻色彩的观点认为，如果我们一个小时、一分钟、一秒……就这样无限细分时间的话，“现在”就会消亡。

因此，我们可以非常清晰地将时间分为两种：均等化的时间和与欲望相应出现的时间。

---

① 斯多亚学派（The Stoa）：由塞浦路斯的芝诺于公元前 4 世纪末前后创立的希腊哲学派别，可划分为前期、中期、后期，代表人物有塞涅卡、爱比克泰德、马可·奥勒留等。一般认为，“斯多亚”的语源为 Stoic（意为“禁欲的”）。

我们所有人都共享着时间。对谁来说，一秒都是一秒，一小时都是一小时，一年都是一年。正因为我们共享时间，我们才能定下约会、按时赴约，也可以泡好一碗软硬程度刚刚好的美味泡面。

与此同时，时间也有因我们的欲望而获得意义的特征。干不想干的工作一小时和与恋人约会共度一小时，虽然从均等化的角度来看都是一小时，但是如果考虑这一小时内我们是怎样度过的话，这两个“一小时”却有着云泥之别。

塞涅卡主要围绕对人们这两种时间的混淆展开了论述。

“认为生命本就短促是错误的。人生因我们的活法而时长时短。因此，不浪费人生、有效率地生活十分重要。我们并非一开始就被赋予短促的人生，是我们自己把它变短了。”

塞涅卡认为，意识到这一点是有效利用时间的第一步。

为自己花费时间

那么，怎样才算有效利用时间？怎样才能切实体会生命之长呢？在塞涅卡看来，我们应当避免为工作忙到晕头转向，多为自己花费一些时间。

“忙碌的人只能说年岁增加了，他们并非度过了漫长的人生。他们只是‘存在’着。正如在同一片海域中被狂风暴雨抛来卷去的船，他们只是被不断翻弄。对这种人来说，衰老将突如其来，使他们措手不及。”

如果因每日劳作心力交瘁，我们就没有时间处理真正该做的事。想必上班族们也能对此感到认同。明明有更为重要的工作，却不得不在日常杂务与例行会议上花费时间。塞涅卡认为，人应从这些世俗杂务中抽手。

塞涅卡忠告鲍里努斯，劝他尽快辞掉管理粮食的职务，精力充沛地去做更伟大的工作。

> 神究竟具有怎样的本质、怎样的快乐、怎样的状态、怎样的形体，你的灵魂今后会遭遇些什么，自然将把从肉体中获得解放的我们置于何处，（中略）等等，这些都是充满无限奥秘的问题。你难道不想现在就从俗事中脱身、去思考这些问题吗？我们必须在温热血液还在我们身体里流动着的现在，充满活力地朝更好的方向前进。

越忙碌，生命就越发短促。忙碌的人并不是以自己为主体而活着，他们只是单纯地生存着罢了。塞涅卡认为，人不应该在追逐名誉与财富上浪费时间，而应该将时间和精力花在真正值得处理的问题上。

充实人生的条件

在当今社会，只要不侵害他人权利，怎样使用自己的时间都是个人自由。没有什么根据能够要求，人们必须都将时间用在某一“伟大的事业”。

那么，我们应该如何理解塞涅卡的观点呢？塞涅卡向我们展示的，其实是一个度过充实人生的条件。

我们也许很难说，享受当下刹那欢愉的活法是充实的。虽然塞涅卡说哲学思考就是伟大的事业未免有些言过其实，但是他认为人应该在与他人的关系网络中，认清自己真正应该做的事情并且扎实稳步前进，不抱怨人生短促，充实过活，这一观点也具有其合理性。

《忏悔录》①
Confessions

奥古斯丁

（Augustine，354年—430年）

解剖自己，传递信仰的希望

① 可参阅《忏悔录》（商务印书馆2015年出版，周士良译）。

“你在内而我在外，但我却徒劳地向外追寻你。”

欧洲中世纪哲学主要有两大支柱，即希腊化哲学[①]与经院哲学[②]。

希腊化哲学包括亚里士多德之后发展而来的各个学派。比如，继承了柏拉图理念说的柏拉图学派、伊壁鸠鲁[③]学派及斯多亚学派，等等。

经院哲学建立了融合包摄基督教神学与亚里士多德哲学、对世

① 希腊化哲学：希腊化时期（亚历山大东征之后的约 300 年间）的哲学，其特征是由对世界原理的追问转向对个人生活方式的探索。

② 经院哲学：在欧洲中世纪附属于教会、圣堂及修道院的学院展开研究的经院学的一部分。经院哲学的目的在于，以信仰接受圣经中神的教诲的基础上，通过理性“理解”信仰。

③ 伊壁鸠鲁（公元前 341 年—公元前 270 年）：古希腊哲学家，伊壁鸠鲁学派的创始人。因倡导应将人生用于追求“快乐”的快乐主义而闻名。伊壁鸠鲁所提倡的快乐并非肉体的快乐，而是精神的快乐。

界进行解释说明的体系。代表人物有阿奎那与司各脱[①]等。在本节我们将一起阅读的《忏悔录》来自奥古斯丁。他是基督教早期最伟大的思想家之一，极大程度上影响了阿奎那。

你或许会以为，奥古斯丁一定是一位非常严肃认真的精英、知识分子。但是实际上，奥古斯丁其实和我们一样，也曾为自己难以平息的欲望而苦恼。

在《忏悔录》中，奥古斯丁鲜明地描绘了他在转向依靠信仰追求“真理”之前的内心波澜。书名之所以为“忏悔录”，就是因为本书既是对神的忏悔，也蕴含了解剖真实的自己、向人们传递信仰的希望的含义。无论你有无信仰,《忏悔录》都具有直击你内心的力量。

《忏悔录》包括自由意志、皈依信仰、记忆与时间三个重要部分。下面让我们来逐一确认奥古斯丁的主张吧。

人因自由意志而犯“罪”

首先是关于自由意志的论断。在书中，奥古斯丁追问犯“罪”的原因。

奥古斯丁在开卷之处回顾了自己过去沉溺情欲、盗窃财物的经历，提出了为什么我们会犯罪这一问题。对此，奥古斯丁给出了这

① 邓斯·司各脱（1266 年前后—1308 年）: 英国中世纪哲学家。托马斯·阿奎那之后的经院哲学继承人。

样的回答：

“犯罪的理由在我之内。因为产生情欲的，不是其他的什么，而是我自己。因此，在我之外去找我犯罪的理由并不合理。那么最为妥当的看法应当是，我犯罪的原因是我的自由意志。”

我们的意志真的是自由的吗？如果先对这个问题作出一个哲学式的回答，我会说这个问题其实没有答案。脑科学、医学及心理学可以获取种种数据，展现意志如何活动，但这也不过只是“解释”而已。正如眼睛没有办法看到眼睛本身，我们也无法把握意志本身。从理论上来说，我们不可能知道意志到底以怎样的状态存在。

在此基础上，让我们再来看看奥古斯丁的观点吧。奥古斯丁为什么将“罪”的原因归为自由意志，而不认为自由意志是“善”的原因呢？

在奥古斯丁生活的时代，还有一位叫伯拉纠的思想家。他认为，人不需完全依赖神，人可以通过正确使用自由意志自主向善。与此相对，奥古斯丁展现了在神面前绝对谦逊的态度——

“人是从虚无中被创造出来的，如果放任其自流就会选择虚无。人因神的恩惠才能向‘善’。如果没有神的恩惠，人甚至都不能向善。”

伯拉纠与奥古斯丁究竟谁对谁错？其实，这个问题也没有答案。但是，在历史上，伯拉纠主义最终被判为异端，奥古斯丁的观点则在教会中占据了重要位置。

“拿起来读吧”

奥古斯丁在本书中除了论及基督教教义之外，还讲述了他从充满罪恶的生活中获得拯救、皈依基督教的心路历程。

奥古斯丁说，他青年时期与恶友相交，过着耽于情欲的生活。奥古斯丁勤于学业，后来在意大利米兰担任修辞学教师。但是，他在那里也仍然受情欲折磨，心中苦闷。

人生的分水岭不期而至。正当奥古斯丁在米兰的家中因无法获得内心宁静而苦恼时，忽然听到隔壁房子传来小孩子的歌声，“拿起来，读吧。拿起来，读吧”。

> 邻近的房子里传来重复的歌声，我分不清是少年还是少女在唱。我听到，“拿起来，读吧。拿起，读吧”。

奥古斯丁认为这歌声是神的命令。他急忙翻开手边的圣经。最先映入眼帘的几行是《罗马书》第十三章第十三、十四节。

“不可狂宴豪饮，不可淫乱放荡，不可争斗妒忌；但该穿上主耶稣基督；不应只挂念肉性的事，以满足私欲。”

奥古斯丁读罢，心中阴云消散，最终走上皈依之路。

我们无法确认这件事是否真实。也许这只是奥古斯丁的虚构而已。但是，我们也可以认为，正是因为这样近乎奇迹的事情偶然地发生了，奥古斯丁才成为坚定的信仰者。无论是以上哪种情况，这则故事都具有绝大的力量。

神在何处?

在奥古斯丁看来，为了探明我们认识神的根本原理，需要关注我们的“记忆”能力。他认为，一切知觉、经验及概念都存在于记忆中，我们也只能在记忆中看到神。这就是奥古斯丁独创的记忆论。

我们还需要知道的是，奥古斯丁还认为“时间是与现在的自己相关地存在着”。

一般情况下，我们总认为时间是从未来到现在再到过去的“时间流”。但是，奥古斯丁认为，时间是与现在相关的，存在于自我的灵魂中。过去的现在是“记忆”，现在的现在是“直观”①，未来的现在是“期待”。

> 这三样都存在于灵魂之中，不在灵魂之外。过去的现在是“记忆”，现在的现在是“直观”，未来的现在是“期待”。

在这种时间观的指导下，奥古斯丁认为，人被“分散”于时间之中。因此，如果人不凭借神的恩惠就无法集中于现在，也无法认识神。

无论人多么强烈地希望认识神，只有凭借神的恩惠才有可能实现这个愿望。

在此，奥古斯丁也展示出和处理自由意志问题时同样的彻底谦逊态度。

---

① 直观：直接看、感受眼前的认识对象。

《忏悔录》何以流传至今?

奥古斯丁为基督教哲学发展做出了巨大贡献。但是,《忏悔录》或许并非只是因此就成为经典。在这本书中,奥古斯丁苦恼于自己的生活方式、拼命寻找答案,也许这也是《忏悔录》被传读至今的原因之一。

一心向内求神,通过信仰使自己更好地活着。这种真挚情感处于奥古斯丁思想的核心位置,直击后来人的心灵。

《神学大全》①
Summa Theologica

托马斯・阿奎那

（Thomas Aquinas，约1225年—1274年）

信仰的正确性可被论证吗？

① 可参阅《神学大全》（商务印书馆 2013 年出版，段德智译）。

“神圣的教诲也是一门学问。”

“哲学是神学的婢女。”这句话清晰地反映出经院哲学的立场。也就是说，哲学必须隶属于神学，哲学只有在有助于理解神学时才具意义。

我们乍一听也许会觉得，这句话否定了人类理性的意义。但是，使这句话广为人知的经院哲学代表人物阿奎那的目标，却恰恰是活用理性、建立以信仰为基础的统一体系，以此统合基督教教义。

基督教内部有许多宗派。虽然今时今日，基督教会正在开展实现跨宗派对话、合作的普世基督教会合一运动[①]，但是在阿奎那的时代，各宗派仍然因谁才是“真正的信仰”争论不休。1054年，基督教发生东西教会大分裂；12、13世纪时，纯洁派及韦尔多派等教派

① 普世基督教会合一运动：20世纪初由新教主导的、旨在跨越宗派实现基督教内部团结的运动。

势力扩展至欧洲各地，天主教教会为了镇压这些教派举行过多次异端审判。

在不同宗派的论战中，如果某一方只是宣告“我信神”其实并没有什么说服力。参与者必须要针对神的真相，作出使所有分享信仰的人都能接受的论证。阿奎那在《神学大全》中，始终贯彻着这一态度。

证明神的存在

基督教的大前提是神的存在。如果没有这个大前提，信仰本身也就不成立。因此，问题就归结于如何能够有说服力地论证神的存在。阿奎那就此展开探索。

想要理解阿奎那的证明，我们需要回想亚里士多德在《形而上学》中提到的“不动的推动者”的概念。亚里士多德认为，沿着原因与结果的链条不断回溯，最终一定会推到无法再往上追寻的根本原因。阿奎那正是将亚里士多德的推论应用至基督教上进行证明。

神就是支撑因果链条的第一原因。也就是说，神就是推动因果的根本动力。

阿奎那在此基础上继续推论。如果没有“不动的推动者”，世界本身就不会存在。但是世界是存在的，因此这个推论明显是错误的。所以，神作为“不动的推动者”始终存在。

阿奎纳通过因果关系对神的存在的证明十分明了。他力求不依赖于个人神秘宗教体验或社团故事，以纯粹的推论证明神的存在，探求出令更多人心悦诚服的信仰状态。

存在的类比

那么，因果序列是怎么导向神和神的创造物之间的关系的呢？

阿奎那认为，神是第一原因，是世界的根本原因。创造物都为神所造，因此世间万物都“分有”神的本质，与神相似。这种神和其创造物之间的类似关系，就是阿奎那的类比理论。

> 正如万物都存在，万物都在一定比例上分有创造者的本质。因神而存在的事物只要仍然存在，就与万物的第一根源、最普遍的根源——神具有相似性。

与神具有相似性不是说外形上的相似，而是指本质的相似。在阿奎那看来，这种本质的相似是指在“善”上的相似。

那么，“善”又是什么呢？阿奎那以为，“善”是“全整性”。作为第一原因的神赋予万物全整性。神是最高的善，神创造出的万事万物分有神的全整性，也就获得了善的属性。这就是类比理论的深意。

对存在即善的洞察

活在现代的我们当然无法全盘接受成书于中世纪的《神学大全》

反映出的世界观。在笛卡尔、伽利略[①]、培根[②]等近代哲学、近代科学创始人的功绩之上，我们更难认为，阿奎那描绘的世界图景是具有普遍性的妥当设想。但是，这并不意味着我们就可以无视阿奎那理论的意义。

对阿奎那来说，神并非绝尘于九霄之上、与被造物断绝的冷酷存在。作为最高级别的善，神使万事万物存在，分予其善的性质，以此创建了存在即善的网络。这既是神与创造物之间的类似关系，也是世界本身的样态。

阿奎那通过类比理论想表达的是，没有任何存在本身就是恶的。人并不是神，无法变成全善的存在。但是，人既然作为神的创造而存在，那么人本身就是善的存在。人有时可能陷于恶中，但那也只是善的缺乏，并不意味着人的存在本身就是邪恶的。

阿奎那借此调解正统与异端之间的矛盾，整合基督教教理，致力于构建真正能够获得众人认同的信仰体系。

---

① 伽利略·伽利雷（1564 年—1642 年）：意大利天文学家。因提倡地动说遭受异端审判。笛卡尔得知伽利略的悲剧后，决定暂缓发表自己的《论世界》。

② 弗朗西斯·培根（1561 年—1626 年）：生活在几乎与莎士比亚同一时代的英国哲学家。培根主张通过实验及观察发现、利用自然法则，推动了近代科学的发展。他还因“知识就是力量”这句格言而闻名。

《君主论》[①]
The Prince

尼科洛·马基雅维利

（Niccolò Machiavelli，1469年—1527年）

盼望祖国统一的现实主义者

① 可参阅《君主论》（商务印书馆2017年出版，潘汉典译）。

"世间一切本都为命运与神所支配……但是我们无论如何都不可丢失自由的意志。"

13世纪至15世纪之间，欧洲进入文艺复兴时期。在此时期，欧洲涌现出诸如莱昂纳多·达·芬奇、米开朗琪罗、拉斐尔等一批巨匠，他们在文学、建筑及艺术等诸领域都留下了伟大的结晶。马基雅维利也是在文艺复兴时期活跃于意大利佛罗伦萨的政治思想家。

我们可以将马基雅维利的政治思想概括为"现实主义"①。说起"现实主义"，多少会令人感到有些冰冷漠然。但是，这并不意味着马基雅维利认为政治按其本身规律运行，人的理想毫无意义。

文艺复兴时期的文化，是连接以神为中心的中世纪文化和以人为中心的近代文化的桥梁。如果我们结合这一点背景知识读《君主

① 现实主义：客观地认为国际关系是一种"无政府状态"，从国家利益的视角来分析如何维系国家存在的政治思想。

论》，会更容易理解马基雅维利的思想。

国家确实是受“命运”支配。但是，国家并非神定的秩序。人的干预可以改变国家前进的方向。因此，政治不能依赖宗教或道德理想，而是必须建立在武力和法律等现实条件之上。

怀有这样政治思想的马基雅维利被卷入佛罗伦萨共和国的政治纷争中，后来失势退隐，在隐居生活中完成了《君主论》一书。这部著作在马基雅维利在世时没有得到发表，直到其去世数年后的1532年才终于问世。

国家的基础是“好的法律”和“好的武力”

当时，意大利处于分裂状态，国内佛罗伦萨共和国、米兰公国及威尼斯共和国并立，在外还受到来自哈布斯堡王朝及法国瓦卢瓦王朝的威胁。马基雅维利将统一意大利的希望寄予统治佛罗伦萨的美第奇家族[①]，并在《君主论》中提出了治理国家的方案。从这个意义上来说，《君主论》是一本以在意大利建设一个新国家为目标的实践论著作。

马基雅维利以“好的法律”和“好的武力”为本书中最关键的原理。

---

① 美第奇家族：佛罗伦萨的名门望族。14世纪因商业及银行业兴起，15世纪进入全盛时期，掌握佛罗伦萨的实权。因赞助、保护文艺复兴时期文学艺术发展而闻名。1737年因绝嗣解体。

我已经说过，对于君主来说，有一个好的基础是多么重要。如果没有好的基础，我们必然会走向破灭。无论过去的君主国或联邦国，抑或是新君主国，对于所有国家来说重要的基础都是好的法律和好的武力。

此处所说的“好的武力”是指本国军队。当时，佛罗伦萨的军队主力甚至军长都是雇佣兵。当时的雇佣兵其实也就是以工资为目的聚集起来的暴力集团而已，军事技能及素养都不高。反观佛罗伦萨周围，诸如米兰公国等周边国家都逐渐开始培养常备军。

马基雅维利认为，要想成为强国，就必须拥有正规军队。君主不能依赖于雇佣兵及外国援军，必须培养本国的武装力量。

必要时可行卑鄙之事

说起现实主义者，总有一种他们将感情放在次位，以最终利益决定一切的印象。事实上，马基雅维利的观点也确实如刀锋般冷彻。

要想实现理想，就必须考虑现实条件。无论是多么高尚的理想，如果君主不经深虑就将其置于现实社会，理想必将面临湮灭。虽然人们可以参与政治，但是政治能改变的不过是现实的一半，剩下的一半仍然受到“命运”的支配。因此，对君主来说，如果与本国的危急存亡有关，即使有些事情是卑鄙的，也必须要做。

如果有件卑鄙的事情，事关本国的安危存亡，不要顾及恶名，去做吧。

当然，马基雅维利并不是说，君主一定要是道德败坏的人。世界的秩序并非神定，人的干预可以改变世界的秩序。因此，作为领导人的君主必须要迎合时势，善于变通。

> 我认为，比起考虑周全，不如果敢勇猛地前进。因为命运之神是一位女神，想要征服她就要有压倒性的力量。

回顾哲学的历史，如此“霸道总裁”的言论其实十分少见。这句话淋漓尽致地展现出马基雅维利对国家分裂现状的深切忧虑。

以中央集权治理国家

为了使人人不损害他人权利、和平共处，首先必须确立基本秩序。对此，马基雅维利提出，应当通过法律与武力实行中央集权，减少引发暴力的契机。

你可能觉得，这似乎有些压抑人民群众的反民主主义色彩。其实马基雅维利是说，人的自由是建立在国家独立的基础之上的。这也是君主有时不得不做卑鄙之事的根本原因。马基雅维利在《论李维》① 中这样写道：

> 一心考虑国家存亡时，不必想是否正当、是否偏离了轨道、是否值得称赞、是否鲜廉寡耻，这些都不必考虑。比起思

---

① 《论李维》：马基雅维利发表于 1517 年的古典政治学著作。马基雅维利在书中主张，古罗马的共和制是值得学习的典范。

考这些，不如将一切置之度外，用尽手段拯救祖国命运、维护自由。

祖国的独立先于一切。古罗马之所以如此值得称道，就是因为它不臣服于他国、维持了自由的共和政体。马基雅维利认为，为了使佛罗伦萨也成为伟大的国家，必须模仿罗马这一典范。马基雅维利以《君主论》为其遗言，留下了通过武力及法律实现中央集权的计划。

马基雅维利主张的现实主义绝不是说，一切都为国家之间的力量关系而决定。他的现实主义是指，想要改变现实社会，就必须考虑现实条件。如果能够满足这些现实条件，人可以凭借自身力量创建社会秩序。

马基雅维利前有认为神创造世界的中世纪经院哲学，后有谈论市民社会原理的近代哲学。在他之后，若再以神意为政治的根本原理，就不得不说是一种倒退。这也是马基雅维利被敬为“近代政治哲学之父”的原因。

近代

探求普遍性

《谈谈方法》[①]
Discourse on the Method

勒内·笛卡尔

（Rene Descartes，1596年—1650年）

开启近代哲学的宣言

① 可参阅《谈谈方法》（商务印书馆2000年出版，王太庆译）。

"'我思故我在'这句真理坚固稳定，不因怀疑论者任何不合理的设想而动摇。"

看过古希腊和中世纪的哲学之后，让我们再来看看近代哲学。哲学史上一般称尼采以后的哲学为现代哲学，而近代哲学在欧洲哲学史上大概占据了三百年之久。在本章节中我们将一起阅读的《谈谈方法》，正是近代哲学之父笛卡尔的代表作。

近代哲学有两大支柱：其一是认识论[①]，其二是社会哲学[②]。笛卡尔奠定了认识论的根基，霍布斯打下了社会哲学的基础。两人处于同一时代，还曾进行过学术交流。

笛卡尔与霍布斯何以成为近代哲学的奠基人呢？为什么偏偏是认识论与社会哲学成为近代哲学的两大支柱呢？要想弄清楚这些问

① 认识论：研究认识结构的哲学领域，其根本问题包括主观如何认识客观、如何判断主观与客观是否一致等。

② 社会哲学：研究人类社会的哲学领域。社会哲学随着人不依赖神的意志、能够独立设计社会的观念确立形成而产生。以霍布斯为奠基人。

题，我们必须要重温欧洲当时的时代背景。

彼时，路德[①]宗教改革[②]引发了宗教战争，德国及法国各地均被卷入纷争，随着政治利害关系夹杂其中，状况越发复杂，整个欧洲都陷入血债血偿的混乱局面。宗教战争是基督教史上具有决定性意义的转折点，自此以后，人们从根本上质疑以基督教为唯一真理的绝对世界观。

在这样的情况下，近代哲学不再以传统的基督教世界观为前提，尝试揭示有关生存的普遍原理[③]。

探求作为共识的原理

笛卡尔有一句名言："我思故我在。"即便你不是哲学专业的学生，想必也曾听说过这句名言吧。这句话在哲学史上具有决定性的重要意义。

笛卡尔在《谈谈方法》中首次明确提出，"哲学必须从任何运用理性进行思考的人都能认同的出发点出发"。笛卡尔的这一观点

---

① 马丁·路德（1483年—1546年）：16世纪批判教会世俗化的宗教改革家，基督教路德宗创始人。

② 宗教改革：16世纪上半叶，以德国路德及瑞士加尔文等人批判免罪符为导火索的基督教世界政治、社会大变革。基督教自此分裂为新教及天主教。

③ 原理：根本法则、根本要素。笛卡尔的怀疑方法就是为了找出原理而提出的方法。

揭示，可能存在着一种超越文化与宗教差异的“共识”[①]，这可谓是哲学史上的里程碑。

无论怀抱怎样的信仰，无论生活在怎样的社群中，只要手握思考的方法及原理，任何人都能够获得真理。这就是“我思故我在”的深意。

人人同样具备理性

笛卡尔认为，每个人都天生具备良知及理性。这保证了只要使用方法正确得当，任何人都能获得真理。

> 我们一直以来称审慎判断、去伪存真的能力为良知或理性，这是所有人生来就有的能力。

人类通过理性对世界进行合理的推论，进而获得关于世界整体图景的认识。人人同样具备理性，只要没有错用理性，那么推论也不会错误，因此人们最终是可以达成共识的。

我们在这里应该关注的是，应以什么为展开认识活动的出发点，也就是说，以什么为原理。不论如何正确地使用理性，如果出发点各不相同，最终获得的认识也会有所不同。

---

① 共识：超越宗教及文化差异、具备理性的人都能接受的普遍认识。对自然界各项事物的广泛共识很容易达成，但是在善、美等概念的意义及价值，只有在一定条件下才能达成共识。

对此，笛卡尔提议，应该以“怀疑方法”作为哲学的出发点。

“怀疑方法”的要点在于怀疑一切。怀疑万事万物，彻底怀疑到底。笛卡尔将这种彻底的怀疑称为“怀疑方法”。

那么，我们应当如何将“怀疑方法”付诸实践呢？让我们来看一则实例。

首先，感觉是可疑的。感觉会欺骗我们。除了我们自身之外的事物本身是否存在也是可疑的。因此，我们不能以之为原理。

那么，我们自身内部的思索如何呢？乍看确实无误的几何学证明也有可能出错。梦也同样可疑。

这样一想，似乎没有什么是确实可信的了。但是，我们无论如何无法否定的是，这个不断怀疑一切的我们，确实是存在着的。

> “我思故我在”这句真理坚固稳定，不因怀疑论者任何不合理的设想而动摇。我认同这一点，因此我以这句真理作为我一直以来寻觅的哲学的第一原理。我认为我能够放心地接受这一点。

以任何人都能接受的原理为出发点，基于此正确使用理性，那么即使所处的文化环境和拥有的习俗迥乎不同，我们能获得关于世界的共识。笛卡尔的观点开拓了哲学的视界，具有划时代的意义。

为什么我们评价说这个观点是划时代的呢？因为，只要具有一定理性，任何人都能将怀疑方法付诸实践。怀疑方法也正是因此而被称为一种“方法”。

我们可以重复笛卡尔推论的过程，分析品读笛卡尔理论的合理性，汲取优秀的见解，以更好的观点置换错误的观点。怀疑方法这一原理，赋予了哲学重编再造的可能性。

近代哲学的出发点

说起哲学，有人可能会觉得，哲学就是聪敏的人脱离实际生活、不断咀嚼各种观念，孤傲自傲地探求真理的活动。

这种哲学家也确实存在。但是，在读过被奉为哲学名著的作品之后，我意识到哲学未必一定如此。名垂青史的哲学家都曾将传统的世界观和常识放在一边，从日常生活中发现问题，提炼问题，使之转化为任何理性的人都能理解的形式，然后给出回答。这是哲学自柏拉图起延续至今的发展方式。

笛卡尔绝不算是高产的哲学家。比起在他之前的经院哲学家，笛卡尔反而算是寡作的。那么，笛卡尔如何担得起开拓哲学新时代的美名呢？这是因为，笛卡尔把握住时代的问题，以其对理性的坚定信赖，重新树立了哲学的根基。

在读过笛卡尔的《谈谈方法》之后，我更加认为，在哲学的世界里，最重要的不是有多么博学多闻，而是以怎样优秀的原理为出发点。

在以基督教为中心的中世纪世界观分崩离析的环境中，近代哲学直面如何才能确保认识的普遍性、是否存在使所有人都能过上“好”的生活的条件等问题。笛卡尔的《谈谈方法》正是一部被打上近代哲学出发点印记的著作，是近代哲学最初的宣言。

《论灵魂的激情》①
The Passions of the Soul

勒内·笛卡尔

（Rene Descartes，1596年—1650年）

探寻激情的意义

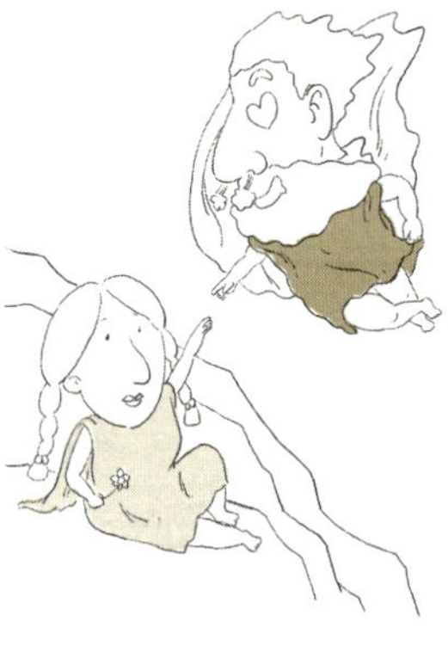

① 可参阅《论灵魂的激情》（商务印书馆2013年出版，贾江鸿译）。

“那些最能受激情驱动的人，能品尝到生活最甜美的滋味。”

“身心问题”[①]关注身体与心灵的关系，是哲学史上探讨已久的经典问题之一。这一问题在现代哲学范畴被归入心灵哲学（philosophy of mind）之下，至今仍然存在相对立的学术观点。笛卡尔的《论灵魂的激情》正是开启了身心问题研究先河的古典哲学著作。

“身心问题”的根本问题在于，身体与心灵（精神、意识）如何互相关联。

人除了意识之外，还具有“广延”[②]。“广延”是一个哲学概念，

---

① 身心问题：又译作“心物问题”“心身问题”。处理身体与精神关系的问题。对于身心问题的回答，除了《论灵魂的激情》提出的身心二元论之外，还有斯宾诺莎的身心平行论（精神与身体之间只是存在对应关系）、莱布尼茨的预定和谐论（神创造世界时设计了两者的和谐关系）等观点。在科学哲学领域，身心问题目前仍未有定论。

② 广延：笛卡尔称物体具有高度或宽度的属性为广延。身体具有广延，精神不具广延。那么，人为什么具有两个属性不同的部分呢？这就是笛卡尔身心二元论的主要议题。

是指占据着一定的空间。

身体具有广延，占据一定空间。与之相对，精神则没有广延。虽然意识确实存在，但是它却不像物体一样占据一定空间。

我们同时以意识与身体的形式存在着。那么，存在方式完全不同的意识与身体是如何关联起来的？我们的精神或心究竟在哪里、状态如何？这些就是身心问题要探讨的内容。

松果腺联结精神与肉体

对于这些问题，笛卡尔是如何回答的呢？简单来说：

> 如果关注身体机制，我们会发现身体运动的物理原理是心脏的热量。流入心脏的血液生出精气①，精气再流入大脑。
>
> 精气的流动受到位于大脑深处的松果腺这一器官控制。松果腺从大脑的小孔释放精气，精气通过神经抵达肌肉，从而调动肌肉。
>
> 此外，精神还从松果腺内部运动中获取知觉。松果腺就这样起着联结精神与肉体的作用。

松果腺是大脑内部的一个很小的内分泌器。我们直到最近才探

---

① 精气：笛卡尔独创的概念。在体内循环的血液蒸发后，进入大脑内部的空室，像空气泵一样通过神经引起肌肉运动。精气的运动类似于油压机的工作原理。笛卡尔认为，人的身体就像是在精气驱动下产生运动的“机械”。

明了松果腺的功能。

然而，活在笛卡尔时代的人们显然不可能知道这些先进的研究成果。笛卡尔之所以会注意到这个小小的腺体，是因为松果腺位于大脑深处，是大脑内唯一不分左右的器官（其实如果在显微镜下观察的话，会发现松果腺也分左右）。笛卡尔由此认为，松果腺中必定蕴藏着联结精神与肉体的某种存在。

倘若我们用现代医学的成就来批判笛卡尔的观点，实在有违哲学的法则。我们应该关注的是，笛卡尔认为，精神与肉体是两个独立的存在，两者通过大脑的某一部分——在笛卡尔看来即是松果腺——相互关联。在笛卡尔之前，从来没有人把身心作为两个独立的单位、思考两者关系。

激情来袭

接下来，笛卡尔探讨了“激情”。此处所说的激情，实际上是指我们平时所说的情绪。比如，一个人走夜路时，如果忽然跳出悍匪，任谁都会吓一跳。笛卡尔称这种类型的情绪为激情。

笛卡尔认为，大脑的精气流经引起心脏活动变化的神经，激情自此而生。他在书中列举了六种最基本的激情：惊奇、爱、恨、欲望、欢喜和悲伤。

在笛卡尔看来，激情会从意识的对岸袭来，推动意识展开行动。

人在快乐时自然就感到了快乐，悲伤时也自然地悲伤起来。人不是想着“好，我要悲伤了”然后才悲伤的。情绪都是自无意识处来访，时而可控，时而不可控。笛卡尔认为，这就是所有激情的共同特征。

欲望是引向未来之“善”的原动力

笛卡尔还认为，在六种基本激情中，欲望的地位非常特殊。除了惊奇之外的四种情绪（爱、恨、欢喜和悲伤），只有通过欲望才能触发某种行为。

欲望可以使人朝着未来的目标采取行动，进而向“善”。

比如，我们产生了恋爱的激情。如果我们有喜欢的人，我们不单单会思念对方，还会考虑邀请对方一起出游玩耍。恋爱中的人总想再亲近一点，想触碰对方的美好。正是因为有了这些向“善”的欲望，我们才会想对对方做些什么。反之，如果我们没有欲望，激情就不会触发行为。结合我们自身经历，也不得不说的确如此吧。

但是，笛卡尔并不是让我们放任欲望肆意触发行为。他认为，我们能够在训练之下学会判断什么是善，并且朝着真正应该追求的善前进。

在《论灵魂的激情》的最后，笛卡尔这样写道：

“当激情来临时，首先要冷静。在此基础上，不要否定激情，而是应该善用智慧活用激情。因为激情正是人生快乐的源泉。”

笛卡尔的伦理学

从现代科学的角度来看,《论灵魂的激情》一书中没有什么值得大费笔墨、铺陈介绍的内容。但是，比起这么看待这部著作，我们更应该关注的是，笛卡尔在本书中提出人的身体因其独特的结构产生运动。这在现代人看来也许是不言自明的，但是在当时确是具有划时代意义的崭新观点。

在文艺复兴时期，随着由比利时医生维萨里创始的近代解剖学发展进步，人们对人体构造的认识逐步加深。基督教将人看作神的创造物的观念，也不可逆转地丧失了其合理性。

笛卡尔在本书中参考当时的解剖学研究成果，通过探索激情真貌、尝试回答人怎样才能“好好”地生活的问题。

强调探索内心活动意义的笛卡尔，仍在深刻地向躲避欲望与激情、崇尚“佛系”生活的现代人传递着生存的意义。

《利维坦》①
Leviathan

托马斯·霍布斯

（Thomas Hobbes，1588年—1679年）

开启市民国家的时代

① 可参阅《利维坦》（商务印书馆 2017 年出版，黎思复、黎廷弼译）。

“如果没有使众人畏惧的共同权力存在，人类就会陷入一切人对一切人的战争中。”

欧洲在15世纪经历过文艺复兴之后，于16世纪时进入绝对王政的时代。欧洲各地出现通过强大权力实现中央集权化的政治形态，如英国都铎王朝、法国波旁王朝，等等。但是事实上，国王并非从初始就拥有绝对的权力。

在绝对王政时代以前，欧洲实行贵族与教会等封建领主将土地租赁给农奴的封建制度。然而，经历内乱之后，封建领主势力逐渐衰落，王权力量得到了相对的提升。

此时，绝对君主为安定国内政治环境，诉诸“君权神授说”[①]，以实现权力正当化。君权神授说主张，君主的权力是由神直接授予

---

① 君权神授说：认为君主的权力由神赋予，不受除神之外的任何约束的观点。虽然君权神授说在现代人看来是极其荒谬的，但是在历史上曾经被当作绝对王政正当性的根据。

的，臣民对此没有反抗的权利。

霍布斯执笔《利维坦》时，英国正处于市民革命的高潮中。议会反对倡导君权神授说的查理一世的专制统治，于1624年掀起内战。最终，以克伦威尔[①]为核心的议会派取得了胜利，查理一世魂丧断头台，其子查理二世流亡海外。英国自此进入议会派领袖克伦威尔的独裁统治时期。

《利维坦》就是在如此混乱的时代中完成的。

从君权神授说到社会契约说

霍布斯在《利维坦》中提出的“社会契约说”[②]，在极大程度上推进了当时的政治思想发展。社会契约说的重要意义在于，它建立在对君权神授说彻底、根本的批判之上。

君权神授说以基督教教义为前提。也就是说，神创造了世界，赋予君主统治权力。基督教的权威是君权神授说的精神支柱。

与此相对，社会契约说主张，“没有任何根据显示人类是神创造的，也没有任何根据能够使我们相信神赋予了君主统治权力。妥当的看法应当是，权力的基础在于市民的共识，权力是在市民的同

① 奥利弗·克伦威尔（1599年—1658年）：英国政治家。克伦威尔判处专制君主查理一世死刑之后，独掌议会大权，实行独裁体制。现代对克伦威尔的评价分歧很大。

② 社会契约说：近代社会、市民社会正当性的原理。与以基督教教义为政治权力之根据的君权神授说相对，社会契约说认为，权力的根据在于市民的同意。代表人物有霍布斯、洛克及卢梭等，其中，卢梭最早使用“社会契约”一词。

意下被委托给统治者的”。

有一个概念能够鲜明地反映出社会契约说的态度，这个概念是“自然状态”[①]。自然状态是对人类在国家、社会成立以前的状态的设想。霍布斯及卢梭等哲学家曾经以这个假说为出发点，探讨了国家存在的正当性。

不同哲学家对自然状态的内涵有不同的理解。不过，真正重要的是，他们借用“自然状态”的概念，将神创造世界的前提放在一边，从思索一个人如何存在出发展开议论。正如现代政治哲学家阿伦特在《论革命》中评价的那样，霍布斯的做法极其具有革新意义。

利维坦的原理

书名中的“利维坦”来自《圣经・旧约》，是海中怪兽利维坦之名。此外，霍布斯还有一本名为《狴希莫司》[②]的作品，书名同样源于《圣经・旧约》，是陆上怪兽狴希莫司之名。

但是，霍布斯并没有在《利维坦》中讲述海中怪兽的故事，“利维坦”仅仅是一个比喻而已。

那么，利维坦意味着什么？霍布斯的利维坦是人以自身为模型构建的人工国家。利维坦的材料与作者都是人，人的“灵魂”就是

---

① 自然状态：社会契约说的根本假说，指国家与社会成立之前的状态。我们应当注意，自然状态不是一个要求实证的历史事实，而是一个概念模型。社会契约也是如此。

② 《狴希莫司》：霍布斯著作。在书中，霍布斯回顾并分析了由内战到王政复古的英国历史。

利维坦的主权。

在此基础上，霍布斯提出问题：

> “通过怎样的方式”，在怎样的“契约”之下，这个人造人得以存在呢？“主权者”的“权利”及正当的“权力”或者“权限”又是什么呢？

如果将国家看作由人构成的网络，那么应该以怎样的契约（约定）为基础呢？还有，什么才是主权者的权利和权力正当性的依据呢？这些就是霍布斯在《利维坦》中要回答的问题。

人不是神的创造物

利维坦不是神的创造物，而是人创设的制度。人从一开始就不是神的创造物，这一观点是霍布斯思想的前提之一。倘若霍布斯认为人为神所创造的，他的思想中就没有采纳“约定”这一要素的余地了。

中世纪经院哲学的代表人物阿奎那在《神学大全》中写道，人的精神中含有主宰宇宙秩序的神的律法，因此人应该有的状态就是按照神的律法行动。中世纪时一般认为，人和人互相定下契约、共同干预世界秩序是在无视神的意志，是不被允许的行为。

与此相对，霍布斯认为，人的身心都来自“自然”。人们不仅有希望、绝望、恐怖和愤怒等情绪，还有思考能力和语言。人具有相互订下约定、做出决定的能力。人还能知美丑、善恶，能够自主向善。

在以人在神的恩典下才能向善为前提的经院哲学的权威逐渐解体的情况下，霍布斯从人的存在样态出发，对国家进行构想。无论重读多少遍，我总为他的思想折服。

人人为敌的自然状态

如果人不是出自神而是生于自然，还具有订立契约及语言能力，那么所有人都能同等地享受幸福吗？这显然是不可能的。

霍布斯并不认为，人会毫无缘由地就结下约定。同样具备肉体及精神能力的人，在追求的事物有限的情况下，人们就会围绕所求之物互相产生不信感，引发人人为敌的状况。

> 如果没有使众人畏惧的共同权力存在，人类就会陷入一切人对一切人的战争中。此处的“战争”不仅是说战斗行为，只要人通过斗争夺取某物的意念得到了十足的显现，这就是战争了。

粗读之下，我们也许会觉得“所有人对所有人的战争”的概念好像是指人的战斗本能。但是此处的要点是，战争状态是在一定条件得到满足的情况下才会成立。

一旦条件得到满足，则进入战争状态；反之，则不会引发战争。哪怕人类史上战事不曾停息，这也不意味着人类是依其本性就热爱斗争的动物。这只是反映出人类能力的平等及所求之物的稀缺性这两个导致人与人之间产生不信感的条件得到了普遍的满足。

和平的条件是让渡权利吗?

为了结束人人为敌的状态，人可以做些什么呢?霍布斯设想了使人能够达成共识的和平条约——“自然法”①。

自然法的要点在于，为了终结人人斗争的状况，应当在众人同意的基础上、对权利进行“让渡”。只要人还拥有权利，触发斗争的根本原因就会持续存在。霍布斯认为，自然法中具备着解决“一切人对一切人的战争”的条件。

设立公共权力

自然法确实可以对人的良心发挥效力。然而，由于现实情况十分复杂，自然法并不具有绝对的约束力。

那么，如何才能赋予契约或约定以强制力与有效性呢?

霍布斯给出的答案，是“公共权力”。

公共权力在所有人让渡自然拥有的权利、将所有人的意志集结为一个总意志的基础上形成。接受让渡的对象有时是君主，有

---

① 自然法：与人为制定的“人为法”相对，自然法是基于人的本性、普遍成立、众人认为妥当的法律。中世纪认为人的精神内含有神的意志的自然法，在近代以后被自然权利（天赋人权）的观点所取代。

时是议会。无论是谁接受让渡，权力的根据都在于众人认同和缔结下的契约。

在霍布斯看来，即使国王与议会已经具有权力，但是这权力也不是从神处得来的。公共权力的正当依据在于人们的契约，因此接受让渡的对象行使权力时必须体现出民意所向。

市民国家之祖

霍布斯的《利维坦》是一部极具划时代意义的作品。但是，其中也蕴含着一些问题。

比如，霍布斯认为，人们有必要让渡一切权力，设立公共权力。但是倘若人们一旦让渡权力，实际上只能认同公共权力代表人的行为，而无法批判其对权力的滥用。虽然霍布斯不是为了拥护反动政府著书立说，但是本书中的言论确实有拥护绝对王政的色彩。

不过，这些问题点无损于霍布斯思想的光芒。霍布斯提出的基于人与人的共识和契约形成“市民国家”的国家观，从根本上超越了当时主张政治权力因神的权威得到保证的国家观。

《伦理学》①
Ethics

巴鲁赫·德·斯宾诺莎

(Baruch de Spinoza，1632年—1677年)

用数学方法找寻“善”之根据的伦理学

① 可参阅《伦理学》(商务印书馆 1998 年出版，贺麟译)。

“基于感情使他人爱自己所爱、令他人按照自己的意向生活的人，是只依照本能行动的人，他们也因此为他人所憎恨。”

在近代哲学发展初期，认识论领域产生了“唯理论”[①]与“经验论”[②]两大对立观点。

唯理论认为，人可以不依赖于感性经验，从根本原理出发、通过合理的推论认识世界。在本章节中我们即将阅读的《伦理学》的作者斯宾诺莎、笛卡尔及莱布尼茨等人都是唯理论的代表人物。

与此相对，经验论认为，根本原理并不存在，只有通过感性经验才能认识世界。经验论的代表人物有洛克及休谟等。

唯理论站在“通过推论能够正确把握世界的全貌”的武断立场，

---

① 唯理论：又称为理性主义。以先于感性经验的根本原理为出发点，通过纯粹、合理的推论对世界进行解释说明，以数学为模型。代表人物有笛卡尔、莱布尼茨等人。由于唯理论主要发展于欧洲大陆，因此也被称为大陆唯理论。

② 经验论：又称为经验主义。以感性经验为认识的源泉，不承认天赋观念。代表人物有洛克、休谟等人。经验论主要发展于英国，因此也被称为英国经验论。

经验论则是从“我们只能在感性经验可触及的范围内认识世界、绝对正确的认知是不可能的”的怀疑论式立场出发认识世界。

举个例子来说，唯理论认为可以通过数学之类的纯粹推论认识世界，经验论认为我们只能在实验及观察可涉及的范围内认识世界而不可能认识世界整体。虽然笛卡尔以后的哲学逐渐变得复杂难解，但是只要我们能够记住这两种对立的学术观点，一切就会变得相对通透明朗。

那么，让我们将目光转回到《伦理学》上吧。《伦理学》在哲学史上占据了十分独特的地位。在本书中，斯宾诺莎以数学方法为模型，描绘世界姿态，试图解答应以什么为善的根据这一问题。

在我们看来，数学与伦理学似乎两门是毫不相关的学问。但是其实在当时，学科还没有被划分为“文科”和“理科”两大门类。

如果能够达成普遍认识，那么无论是文或理都并不重要。如果斯宾诺莎当时想“我可是文科生”便感到心虚、逃避数学，他是无法找到能够取代宗教的善的依据的。当然斯宾诺莎也有可能根本就没有这么想，在书中我们倒确实处处都能感到他的坚决与执着。

泛神论的世界观

《伦理学》中反映出的基本世界观是“泛神论”。

泛神论认为，神是唯一的“实体”[①]，除神之外的万事万物无非

① 实体：自在的事物。持续地具备现象、性质及变化的主体。

是神的“属性”而已。神是万事万物的原因，世界以神构想的状态存在。这就是斯宾诺莎的世界观。

对当时的知识分子来说，神的存在是一种常识。但是，斯宾诺莎所说的神的本质与犹太教或基督教的神迥然不同。

斯宾诺莎在神与宗教密切关联的时代，基于其对近代自由观念的体感，提出了不具备宗教性格的神的概念，进一步推动传统世界观的变革。

善与恶的根据

神是一切的原因，包括人类在内的一切存在都是其“属性”。在此前提下，斯宾诺莎探讨了人的情感与善恶的关系。

斯宾诺莎认为，人的欲望在于追求善。此处所说的“善”是指，为维持自我存续所欲求的事物。因此，善的内涵是由我们自己的欲望而决定的。

我们想要的事物就是善。我们可以明显看出，在斯宾诺莎的设想中，神的恩惠使善变得明确的基督教观点并没有得到体现。不过，斯宾诺莎本人确实也不是基督教教徒，而是犹太教教徒。

你也许会因斯宾诺莎将自我保存的欲望与善相关联的做法感到违和。斯宾诺莎并没有直接把二者联系在一起。在斯宾诺莎看来，人能够在理性的指引下改变欲望的方向、追求更好的善。

在理性引导下生活时，人达成了与本性的和谐一致，成为最为有益的人。斯宾诺莎认为，“德性”存在于这种生活中。换句话说，他不否定维持自我存续的欲望，而认为通过理性思索欲望、遵从欲望，人有可能过上有德性的生活。

说起维系自我存续，也许有人会认为，这就是要践踏别人于脚下、只让自己存活下来。其实不然。由于人是神的属性，所以对自己的关心也与对神也即是世界的关心直接相关。因此，此处的自我存续，实际上意味着“通过关心自己而关心别人”。

服从德性的人为了自己，也为别人追求善。

通过理性审视欲望，过上有德性的生活。如此，我们在关心自己的同时，也能同时关心整个世界。这就是斯宾诺莎在《伦理学》作出的回答。

在体系之外品读

斯宾诺莎认为神是唯一原因、一切都是神的属性的世界观，未必是普遍且妥当的。但是我们倘若因此就摒弃斯宾诺莎，未免太过可惜。

斯宾诺莎生活在席卷欧洲的宗教战争[①]末期、三十年战争高潮之时。读过《伦理学》之后，我们应该能够深深体会到经历“后宗

① 宗教战争：16 世纪欧洲宗教改革之后，以天主教与新教对立为导火索陆续发生于 16 世纪中期至 17 世纪的一系列战争。其中包括胡格诺战争（1562 年—1598 年）及三十年战争（1618 年—1648 年）等。

教战争”时代的斯宾诺莎对应当通过与传统宗教不同的进路寻找善之普遍根据的坚定信念。斯宾诺莎的问题意识与笛卡尔及霍布斯等优秀的近代哲学家都是相通的。

虽然斯宾诺莎本人的尝试算不上成功，但是他致力于摸索出一个所有理性的人都能理解和接受的善之根据，这种努力仍然值得敬佩与礼赞。

《单子论》①
The Monadology

哥特弗里德·威尔海姆·莱布尼茨

（Gottfried Wilhelm Leibniz，1646年—1716年）

追寻替代基督教的“和谐”原理

① 可参阅《神义论（附单子论）》（生活·读书·新知三联书店 2007 年出版，朱雁冰译）。

“如果所有精神都汇聚起来，那么上帝之城即由最完美的君主统治的最极尽美好的国家就会成形。”

莱布尼茨是与斯宾诺莎齐名的唯理论者。他不仅在哲学领域，在数学与自然科学等学科也立下卓越功绩，甚至还曾活跃于政坛。莱布尼茨与斯宾诺莎同样，首先确立根本原理，以之为出发点，通过合理的推论来描绘世界的状态。

在《单子论》中，莱布尼茨将“单子”的概念作为根本原理。单子由神创造，是组成宇宙的最小单位。单子与原子的区别在于，原子是最小的物理单位，单子则是精神的最小单位。说到这里可能还是不是十分明晰，但是我们只要知道单子是作为组成世界的根本原理而设想出来的基本单位即可。在莱布尼茨之后，没有哲学家进一步发展单子学说，因此也没有必要对此进行深究。

虽然如此，《单子论》仍然具有其独特的价值。莱布尼茨在书中通过单子这一原理调停天主教与新教（基督教）之间的对立与冲突，尝试为恢复社会“和谐”指明方向。

在宗教战争以后，人们已经无法再由基督教世界观中抽取出“善”的根据。莱布尼茨为了恢复社会的“和谐”，从思想与实践两个方面展开了探索。

基本单位“单子”

单子是宇宙精神性的最小单位。当然，单子论只是纯粹推理导出的假说而已。和亚里士多德通过因果序列推论出最后一定有一个“不动的推动者”一样，莱布尼茨认为，如果不断分割复合体，最终一定会找到构成这个复合体的“最小单位”。莱布尼茨将这个最小单位称为“单子”。

> 单子是构成复合物的单一实体。所谓单一，就是说它没有组成部分。

复合物由单子构成。那么，最小单位的单子是怎么形成的呢？莱布尼茨认为，最高级的单子是因“神”的“闪现”而生。

单子的根本原因就是神。虽然与斯宾诺莎相比，莱布尼茨提出的假设具有更加浓厚的宗教色彩，但是他也确实是脱离基督教“叙事”构想世界体系的。

除了单子论之外，莱布尼茨思想还有一个主要原理，即“预定和谐论”。

预定和谐论

我们首先需要知道，莱布尼茨的目的在于探究给世界带来和谐的原理。因此，在莱布尼茨提出单子概念之后需要考虑的就是，作为世界最小单位的单子怎样才能与其他单子结成一种和谐关系。

莱布尼茨的答案是预定和谐论。简单地说，预定和谐是指，神创造单子伊始就预定了单子必将互相形成和谐的关系。

莱布尼茨基于预定和谐论，尝试从人的身心之间发现预定和谐的关系。虽然心的单子与身体的单子具有不同的原理，但是由于预定和谐，身心处于和谐的对应关系中。

在此基础上，莱布尼茨将预定和谐扩大到世界之上。莱布尼茨认为，世界可以分为自然世界（或物理世界）与伦理世界两个世界，这二者之间也存在预定和谐的关系。

“由精神与神构成的世界是因神的恩宠而存在的伦理世界，与物理世界处于预定和谐的关系之中。因此善有善报。人要尽自己的义务，相信‘神的真理’。只有这样，人才能明白现在的宇宙秩序是最好的。神之所以选择现在这个秩序创造宇宙，就是因为这是最好的。”

自然世界与伦理世界处于预定和谐的关系中。伦理世界是全部人类的目标，人以伦理世界为目标采取行动才能使自然世界变得更好。这就是莱布尼茨的观点。

单子论的目的

莱布尼茨的单子论的确只是哲学史上众多假说中之一，并不具备普遍合理性。但是，如果我们只是从现代人的角度批判单子论的话，其实没有什么建设性意义。

在评价哲学学说时，我们应当注意提出这一学说的哲学家所处时代的普遍世界观，在此基础上把握该学说脱胎于怎样的问题意识、回答了怎样的问题。

那么，我们应该如何看待莱布尼茨的单子论呢?

当时，三十年战争带走了德国四分之三的人口，对农业、商业都造成了致命打击，社会伦理体系分崩离析。但是，德国无法再回头依靠基督教重建社会。在这样的环境中，莱布尼茨从与基督教不同的根本原理出发，合理地探讨世界，调解宗派对立冲突，试图使社会恢复和谐。

无论单子论本身妥当与否，单子论反映出的莱布尼茨的问题意识都值得我们赞许。

《人类理解论》①
An Essay Concerning Human Understanding

约翰·洛克

（John Locke，1632年—1704年）

只有感性经验才是确实可信的

① 可参阅《人类理解论》（商务印书馆2011年出版，关文运译）。

“让我们设想心灵就像是没有任何字迹的白纸，上面没有任何观念吧。”

洛克是近代哲学认识论主要观点经验论的奠基人之一。他与休谟共同作为经验论的代表哲学家而广为人知。

经验论的基本立场是，一切认识都在感性经验的基础上形成。也就是说，感性经验无法触及的根本原理并不存在。与之相对，在笛卡尔、斯宾诺莎和莱布尼茨等唯理论者看来，人本身具有理性，只要正确地使用理性，人就可以获得对世界的正确认识。我们可以看出，经验论与唯理论在根本立场上就是完全对立的。

让我们暂且回到在这一章节中将一起阅读的《人类理解论》吧。洛克在本书中，试图从感性经验为认识源泉这一观点出发，探究人类的理性状态并且指明其界限。

洛克没有像唯理论者一样提出一些无法证明的假说，而是将认识对象划分为人类的理性可以认识的领域及无法认识的领域。他认为，做出这样的区分，有助于人类更好地使用自身才智与能力。

通过经验才能获得观念

洛克对于认识论的基本观点是，心灵是在经验的基础上才获得有关各种观念的知识的。心灵就像是“白纸”一样，最开始是全新纯白的。在这张白纸上书写经验之后，我们才获得了有关观念的知识。

> 让我们设想心灵就像是没有任何字迹的白纸，上面没有任何观念吧。那么心灵是怎么具备了观念的呢？心灵是从何处获得人类忙碌不休的心理活动留下的多种多样的庞大储备的呢？（中略）我认为，这些问题都可以用经验一词来回答。

简单观念与复杂观念

洛克在观念形成于经验基础上这一前提下，进一步将观念分为简单观念与复杂观念两种。其中，简单观念是人们被动获得的观念，复杂观念则是心灵基于简单观念、主动构成的观念。

在此基础上，洛克又将简单观念分为“第一性质”及“第二性质”两类。前者指大小、形状等属于对象本身的性质，后者是指声音、味道等我们从对象那里获得的性质。

如果从不同人对同一事物的感觉来辨析第一性质和第二性质的不同的话，一切都会变得很简单明了。人们对大小及形状等第一性质的感觉不存在差异，任谁看三角形都是三角形，谁看圆柱都是圆柱。但是当认识对象是味觉等第二性质时，情况就有所不同，如热水的温度、咖喱的辣度、咖啡的苦味等，不同人对同一事物的感受程度都是不同的。

复杂观念是在简单观念的基础上形成的。复杂观念可以分为“实体”“情状”及“关系”三种。实体是由诸多简单观念构成的整体，情状是实体具备的性质，关系是通过比较各个简单观念形成的观念。

洛克从正面批判了唯理论，认为人天生就具备有关观念的知识和观点。在他看来，无论是什么观念，从根本上来说都是由感性经验构成的。即使是实体这样的抽象观念，情况也是如此。心灵从一开始就是白纸，不具备各种观念（如图3所示）。

对象	→	感觉	→	（第一性质）简单观念	→	内省	→	（第二性质）简单观念	→	复杂观念

※ 无论如何复杂的观念，都是通过感觉和内省产生的。

图3　白纸的概念图

经验论的意义

近代哲学认识论的两大观点——唯理论和经验论的分歧在于，到底什么才是保证对于世界的普遍认识的根据。那么，这个问题何以成为近代哲学的根本问题呢？唯理论和经验论之间又为什么会产生这样的分歧呢？

我们一般认为，世界客观存在于主观意识之外。但是仔细想想，因为所有人都无法逃脱主观视角、证实客观存在，所以其实没有什么证据能够证明世界确实存在。

那么，难道不存在所谓正确的认识，只存在“因人而异”的认识吗？没有能够替代基督教的、具有普遍性的世界观吗？近代哲学就是出于这样的问题意识，着眼于人的认识。

经验论论证人的认识形成于感性经验的基础之上，试图以此回答上述问题。然而，由于逻辑学及数学等建立在纯粹推理基础上的认识确实存在，经验论作出的答案本身并不完美。但是经验论关注认识构造、分析认识形成的方法，是不见诸唯理论的崭新见解。

我们无法认识客观事物本身。但是，如果我们能对感性经验进行内省，把握认识结构，我们就能在与他人的交流中探明自身与他人的认知间存在的相通之处。正是经验论将这种可能性带进哲学之中。

20世纪时，由德国哲学家胡塞尔创立的现象学贯彻了经验论的思考方式，从根本上解决了有关主观与客观关系的认识问题。

也许洛克认为心灵即是白纸这一论断仍然存在不足之处，但是我们必须承认，经验论所使用的方法，确实打开了哲学的新领域。

《政府论》①
Two Treatises of Government

约翰·洛克

（John Locke，1632年—1704年）

影响美国独立战争的哲学

① 可参阅《政府论》(商务印书馆 2011 年出版，叶启芳、瞿菊农译)。

"对于有遵守法律能力的动物而言，无论在怎样的情况下，没有法律也就没有自由。"

洛克的主要功绩有二。其一是在认识论领域，我们在上一章节曾经一起阅读过洛克有关认识论的著作《人类理解论》；其二则是在政治哲学领域。我们在这一章节中即将阅读的《政府论》（又称《政府论两篇》），就是洛克有关近代政治哲学的名著。

洛克与霍布斯和卢梭一样，在寻找统治正当性原理时也诉诸社会契约说。洛克在《政府论》提出的社会契约说，后来成为美国独立宣言的思想依据，在极大程度上影响了现代社会。

然而，与霍布斯、卢梭及黑格尔等人的思想相比，洛克政治思想的原理性较弱。前三者均基于对人类本质的认识设计市民社会，洛克则以基督教世界观为前提展开议论。这一点也确实成了洛克政治思想的巨大缺憾。

人是自由而平等的存在

虽然许多哲学家都探讨过“社会契约说”，但是实际上他们对社会契约的内涵的理解有微妙不同。社会契约说最为普遍的一般定义实际上来自洛克的《政府论》。依照洛克的定义，社会契约说是指，自由平等的人基于理性自发地订立契约、依照契约建立国家。

洛克和霍布斯、卢梭一样，都从规定自然状态开始建立自己的理论。

霍布斯在《利维坦》中，将自然状态规定为“一切人对一切人的战争状态”。人人生而具有平等的能力，平等的能力导致人因有限的资源互相猜疑、产生不信任感，因而引发斗争状态。这就是霍布斯所谓的自然状态。

与此相对，洛克的自然状态是所有人处于完全自由、平等的状态。这种状态因“自然法”得以维系。自然法晓谕万民，“所有人都是平等、独立的，没有人有资格侵犯他人的生命、健康、自由及财产等权利”。

那么，自然法的根据何在呢？在洛克看来，是神。

霍布斯的思想中也有自然法的概念，但是内涵却完全不同。霍布斯认为，自然法是人的理性为了解决“人人为敌”的状态构想出的产物。洛克的自然法却是神的意志。神将人造为服从于自然法的存在，因此所有人都必须遵循自然法。与霍布斯相比，我们可以看出，洛克的自然状态其实是一种“应当如此”的“理想状态”。就

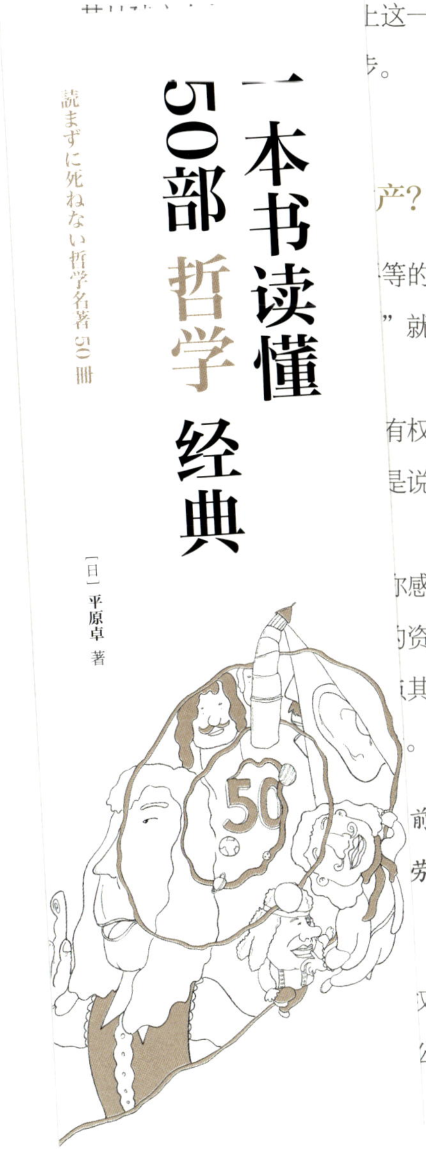

上这一点而言，洛克学说从哲学上来说可

步。

产?

等的，那么每个人拥有的权利，特别是

”就成了问题。洛克是怎么界定所有权

有权。人通过亲身劳作，能够从公共的

是说，劳动产物归劳动者所有。洛克认

尔感到理所当然。流汗赚来的财富当然

的资产。这在某种意义上听起来似乎是

其实有一个不可动摇的前提——世界

。

前提——世界正是人类所共有的。这

劳动获得对土地各个部分的明确的使

权利属于劳动者。但是，由于这一观

公共财产这一无法验证的基础之上，

构想市民社会

神创造了应遵守自然法的人。但是，现实生活中，经常有人行为不端、巧取豪夺。在无法之辈存在的情况下，如何才能保护所有权呢？

对此，洛克提出了市民社会的构想。

“为了使人们不为所有财产可能为他人剥夺而感到不安和危险，应在相互同意的基础上建立市民社会，共同维护所有权。但是，维护所有权只有相互同意是不够的，还需要具体的制度。”

对此，洛克提出了法律、法官、执行力三项制度。这实际上就是将国家权力分散至相互独立的立法、司法、行政三个机关的“三权分立”基本原理。在自然状态下，人都是自由、平等的，具有执行法律的权利。但是，为了保障大家的所有权，人们必须将权利委托给市民社会。

霍布斯曾经提出“让渡”权利，而洛克则设想在一定期间内将权利“信托”给政府。一旦让渡权力，人们就无法再收回权利；但是，如果只是一定期间内的信托的话，到期时人们还可以重新组织政府。政府不过是人们为了保障所有权设计出的制度而已。如果政府没有达成其目的，人们可以重新组建政府。洛克是史上首位提出这一原理的哲学家。

令人遗憾的洛克

霍布斯和卢梭都是从对人类本质的探索出发，继而追寻市民社会的原理。他们不以宗教或文化为前提，仅从对人类本质的规定探讨市民社会的根据。因此，他们的学说在现代看来仍然具有参考价值。

然而，洛克基于基督教世界观，探索市民社会应有形态。他认为，人类是由神创造的自由而平等的存在，神还赋予了人类公共土地。因此，所有权属于劳动者本人。洛克的观点放在基督教社团之外，是不具任何说服力的。

洛克在《人类理解论》中写道，人的认知形成于感性经验的基础之上。那么在此更进一步，他应该会得出有关神的观念也是只能通过经验获得的结论（实际上，休谟就得出了这个结论）。然而，正如《政府论》所反映的，洛克并没有这么认为。从这个角度来说，洛克的思想兼具反形而上学及形而上学的要素，呈现出极为独特的样态。

《人性论》[①]
A Treatise of Human Nature

大卫·休谟

（David Hume，1711年—1776年）

一切认识都是一“束”知觉

① 可参阅《人性论》（商务印书馆 2016 年出版，关文运译）。

“我们虽然可以追问到底是什么使我们相信物体存在，但是探索事物本身究竟存在与否是没有意义的。”

休谟与洛克同样，都是经验论的代表人物。休谟在大学期间接触到洛克的思想，受到洛克极大影响。他在本章节中我们将一起阅读的《人性论》中，将洛克创始的经验论贯彻到了极致。

在撰写《人性论》时，休谟还是个默默无闻的青年。完成书稿后，他与伦敦的出版商商讨出版事宜时屡屡碰壁。几番波折之后虽然终于得以出版，但是第一卷、第二卷反响寥寥。休谟终生也未承认这是他的作品（书稿上也没有明确记载作者身份）。

《人性论》之所以不受欢迎，是因为本书的观点实在太过彻底，与当时的常识格格不入。休谟在书中否定因果关系，主张任何认识都无法超越感性经验形成。休谟比洛克更加深刻地批判了认为从根本原理出发经过推论就可以正确认识世界的唯理论。

为什么我们能知道三角形是三角形呢?

让我们来一起看看休谟是怎么理解认识的吧。

休谟将知觉分为两个方面，即“印象”①与“观念”②。

> **印象可以分为“感觉”印象及“反省”印象两种。第一种印象来自不可知的原因，直接起于内心。**

在休谟看来，知觉一般是指呈现在心中的一切。因此，直接形成的知觉被称为“印象”，以意义或本质等形式出现的知觉被称为“观念”。印象先于观念，观念产生于印象。观念以记忆或想象的形式登场。

这么说可能有些复杂，但是其中原理其实非常简单明快。

假设我们眼前有一个三角形。为了能认识到三角形是三角形，首先我们必须要看到它。这个时候，我们还处在印象的阶段。要想做出这就是三角形的判断，我们需要调动目前为止获得的有关三角形的记忆，并且对一般情况下的三角形样态进行想象。只有在此基础上，我们才能认识到，眼前这个图形就是三角形。

我们需要注意，印象是起自“不可知的原因”的。我们无法获知印象的产生原因。也就是说，我们没有办法踏出各自的主观世界，直接把握印象产生的原因。

---

① 印象：休谟所说的“印象”意义接近于“第一印象”。虽然不能确定产生原因，印象是从认识对象处忽然获得的感觉。

② 观念：人在第一印象的基础上形成理解时、由印象转化而来的知觉。

一切认识都是以印象为底版的知觉经验。超越知觉经验范围的根本原理并不存在。即使假设确有这样的根本原理，人也无法知道它的存在。德国哲学家康德曾说过，休谟的这个观点把他从独断论的睡梦中叫醒了。

连因果关系也否定的彻底认识论

休谟认为，因果关系也不过是一个观念。

这是个很不合常识甚至有些令人感到费解的观点。我们一般认为，不管我们是否觉察，因果关系都是存在的。

但是对休谟来说，从认识论的角度来看，这种看法是不彻底的。

比如，我们在地球上抛球，球体将按照抛物线的轨迹运动。我们一般认为，这个球是受到了重力作用。但是，倘若（像笛卡尔提出的怀疑方法那样）严密地思考的话，我们其实没办法确定重力是否就是球体运动的“真正原因”。我们看不见重力，只是从球的运动轨迹推测重力存在而已。

那么，我们为什么会认为球体的运动与重力之间存在因果关系呢？这是因为我们具有在不断重复地获得有关不同印象组合的知觉经验的过程中、在心中构建因果关系的心理“习惯”。

休谟认为，因果关系绝不是必然法则。因果关系只是在人心中被习惯设想出来的关联，并非绝对正确的认识。认为世界本身也具有某种因果法则的观点，也不过是独断的臆测。

休谟的看法确实是过激的，但是这个观点背后是彻底的分析态度。有些人认为，休谟主张“绝对正确的认识并不存在”的怀疑论者，但是他并不只是一个怀疑论者。比起不彻底的相对主义，休谟在本书中的观点是极为真挚的。

打断独断论的迷梦

休谟认为一切认识都是在印象的基础上形成的。这一观点的意义在于，仅仅关注于知觉状态、试图从中抽出认识结构之上。

外部世界①是否真实存在，这一点还留有质疑的余地。但是，如果用笛卡尔的怀疑方法进行思考的话，我们确实无法否认，现在所看的世界也许只是错觉而已。

因此，我们在探究认识的普遍结构时，不能以外部世界为前提，而是应该着眼于我们的知觉状态本身。毕竟即使世界只是错觉，我们认为它是错觉这一认识仍是确实存在的。

一切认识都是以印象为底版。在此般洞见的基础上，休谟贯彻了洛克经验论，强烈地冲击了具有独断性格的唯理论。

---

① 外部世界：即主观之外的世界。由于我们都无法挣脱主观、直接认识世界本身，有关外部世界的本质问题不在于外部世界是否存在。真正的问题在于，我们能否找到让人们在这样的世界上能过上充实人生的条件。

《论人类不平等的起源和基础》[1]
A Discourse upon the Origin and Foundation of the Inequality among Mankind

让-雅克·卢梭

（Jean-Jacques Rousseau，1712年—1778年）

追问人类社会不平等的起源

① 可参阅《论人类不平等的起源和基础》（商务印书馆 1997 年出版，李常山译）。

"正是在这样无秩序与变革中，丑恶的专制主义逐渐抬头，吞噬国家所有的善良与完全的部分，最终践踏法律与人民于足下，在国家的废墟上成就了自己。"

卢梭与霍布斯、黑格尔同样都是近代哲学两大支柱之一——社会哲学的代表人物。卢梭的主要作品《社会契约论》在近代哲学史上占据了重要位置，而在这一章节中我们将一起阅读的《论人类不平等的起源和基础》写于《社会契约论》之前，属于《社会契约论》的铺垫之作。

在《论人类不平等的起源和基础》中，卢梭与霍布斯采取同样的方法，都将神创世界的基督教教理放置一旁，构想出自然状态，提出有关"如果人们像现在一样存在的话，会过着怎样的生活"的假说。卢梭思想的整体脉络如下。

首先，处于自然状态中的人具有怜悯心①，自然状态是一种和平

① 怜悯心：即不忍目睹他人遭受苦难的心态，恻隐之心。卢梭生活在法国绝对王政时期。在这一时期，"人生而不平等"被视为不言自明的真理。卢梭认为，人生来就有的怜悯心是自然状态中不存在不平等现象的根据。但是从以"怜悯心"为根据爆发的法国大革命最终走向了罗伯斯庇尔的恐怖统治这一事实来看，怜悯心其实有可能成为暴力的导火索。汉娜·阿伦特在《论革命》中对此进行了批判。

的状态。但是，人为了维系自己的生存，逐渐掌握了生活知识，获得了私有财产。在这个时点，力量也就意味着权利，“强者”与“弱者”之间的不平等关系就此由法律固定下来。

但是我们要注意的是，卢梭不是在说，众人平等的自然状态实际存在、不平等产生于这样的自然状态。如果我们这么理解的话，将很容易误解他的观点。

那么卢梭到底想说什么呢？简单来说，卢梭认为，人类社会具有若不加以干预就必然导致不平等的结构，人类社会的不平等会日益加剧，直到形成以最强者为塔尖的金字塔形社会为止。

《社会契约说》的目的在于探索解决这种情况、使人类社会重回正确轨道的原理。而指出这种情况的《论人类不平等的起源和基础》也就因此被认为是《社会契约说》的铺垫之作。

自然状态是“相互关心的状态”

让我们先来一起看看卢梭有关自然状态的假说吧。

卢梭认为，在自然状态中的人的心态是和平的，充满怜悯之心。因此，人与人之间不存在从属关系，也没有斗争状态。人的怜悯心从根本上规定了自然状态。

卢梭在这个自然状态的问题上，对霍布斯进行了批判。霍布斯眼中的自然状态是“人人为敌”的状态。但是，在卢梭看来，处于自然状态的人对受苦的他人具有怜悯之情，因此不会出现牺牲他人、成全自己的现象。

但是，自然状态会逐渐走向不平等的社会。卢梭对这个过程的描述如下。

人们首先会关心个人生存。人最先产生的情绪也是事关个人生存的。人会因自然的力量而受尽苦难。为了免受痛苦，人会获得有关生活的智慧。因此，人就成为优于动物的存在，获得了自尊心。

人因自尊心进入相互竞争的关系。之后，人开始能够区分利害关系与竞争关系，理解契约的意义。基于契约的概念，私有财产也被导入人类社会。

人因习俗及性格被联系起来，形成社群。一旦社群内部开始分工，维持到目前为止的平等关系就会崩解，开始出现贫困及不平等的现象。

此时，强者为了固定与弱者之间不平等的关系，开始制定有利于己方的法律。自此强者愈强，弱者愈弱。在少数强者的控制下，弱者被与贫困牢牢捆绑起来。

政府与法律是保障自由的制度

自然状态从人关心自身生存开始，逐渐走向了强者与弱者之间的不平等。但是，卢梭并不是在提倡，人类社会需要回到充满怜悯心的自然状态。恰恰与之相反，卢梭是在认识人类社会如何成立的基础上，试图找寻解决不平等的原理。

卢梭的论述错综复杂、不易把握，其中要点主要是：人类社会是因契约而成立的社群，人们之所以设立政府、制定法律，是为了保障自由。

“所有人同意遵守契约，共同保证契约效力。人们为了使这种同意具有实效性、能够在实质上确保所有人的自由，将设置能够强制人们遵守决议的公权力，用以处理人们违背共识的行为。如此看来，专制权力违反设置政府的用意。专制权力既不合理，又不能成为法律的根据和解决社会不平等现象的原理。”

这一论断，正是《社会契约论》的出发点。

专制君主也可以被力量打倒

由强者制定法律导致的不平等现象，在专制政治中达到极致。专制政治构建出以最强者——专制君主为尖端的金字塔形权力结构，使人与人之间的不平等关系最大化。卢梭精妙地阐释了这一观点。

> 此时，所有人再次回到平等的状态。因为现在他们都是虚无，侍从除了主人的命令之外不必守任何法律，主人在自己的欲望之外不受任何规则束缚，善的观念与正义的原理都再次消亡。

卢梭认为，人们可以借助力量打倒专制君主。专制统治本身就是在违反人们最初的共识——对于为保证自由、设立政府的根本同意。换句话说，专制统治在本质上没有正当依据。

> 因为他们只是为力量支撑着，人们也可以只用力量打倒他们。一切都是按照这样的自然秩序展开的。

一切都是以力量为基础运行的。因此，只有在专制君主仍然是最强者的情况下，专制君主才保有统治权力。如果人们流放专制君主，或者专制君主被更强者打败，他将没有任何依据对他的倒台提出异议。

对《社会契约论》的展望

在《论人类不平等的起源和基础》中，卢梭提出了一个有关不平等现象扩大到全社会的过程的假说。不平等现象因强者制定的法律而被固定下来，最终导向专制政治。但是，由于专制政治仅仅以力量为基础，而力量又无法成为权力正当性的根据，因此专制政治从根本上来说是不合理的。这就是本书的结论。

这样一看，我们会发现本书与卢梭在《社会契约论》中展现出的问题意识密切相关。《社会契约论》试图回答的问题是，什么原理能够让人类社会从不合理的“力量游戏”重回公平的“规则游戏”。

从现代史学的角度来看，我们很难确定不平等现象是否像卢梭所说那样形成发展。但是我们应该更多关注，卢梭在本书中是基于怎样的原理展开议论的。

卢梭极力摆脱具有恣意性的前提，从人对自身存续的关心出发、进行探索。也正因为此，我们在阅读过程中不会觉得卢梭只是一味说教，也能在一定程度上认同他的观点。

《社会契约论》[①]
The Social Contract

让-雅克·卢梭

（Jean-Jacques Rousseau，1712年—1778年）

确立近代社会与国家正当性的原理

① 可参阅《社会契约论》（商务印书馆2003年出版，何兆武译）。

“人生而自由，却无往不在锁链之中。”

什么是正义？这是自柏拉图时代以来就非常重要的哲学课题之一。柏拉图在《理想国》中主张“善”的理念是正义的根据，从奥古斯丁到阿奎那的中世纪经院哲学认为神定之法就是正义的源泉。人应按照神定下的秩序生活，人本身没有判断善恶的能力。这也是罗马天主教会自奥古斯丁以来的正统观点。

正义的依据在欧洲经历了基于中世纪基督教的传统观点后，经过君权神授的时代，最终走向了社会契约论，实现了根本性的转变。霍布斯认为，正义的根据不是基督教的神，而是人与人之间的共识与契约。卢梭在我们将要一起阅读的《社会契约论》中，进一步推进霍布斯的观点，将其提升为近代社会、近代国家正当性的原理。《社会契约论》作为社会契约说的总论，具有极其重要的地位。

越是重要的著作，就越会有各种各样的解读和评价。《社会契约论》也是如此。《社会契约论》一方面被认为是影响法国大革命、为人民主权及民族主义奠基的重要作品，另一方又被批判为恐怖政治和法西斯的思想来源。看遍哲学史，也鲜见如《社会契约论》一般评价两极分化如此严重的作品了。

手枪和义务

在我们之前读过的《论人类不平等的起源和基础》中，卢梭提出了倘若不加干预、人类社会就会走向以最强者为顶端的金字塔形社会的根本假说，最终得出了力量并不能称为权利的正当依据的结论。

在《社会契约论》中，卢梭批判“最强者的权利”，鲜明地重申上述观点。他举了一个受手枪胁迫的例子，对此进行说明：

“如果我们遭到拿着手枪的人威胁时，倘若不交出钱包，就有可能会遭到枪杀。但是，这并不意味着，我们有必须将钱包交给拿着手枪的人的义务。”

遭人持枪胁迫时，我们会为了保命交出钱包。这虽然是正常现象，但是这绝不意味着交出钱包就是我们应尽的义务。

行使实际权力并不意味着权利。我们只对正当的权力具有理应履行的义务。因此，我们应当批判武力威胁，通过不当手段获得的权利都应是无效的。

社会契约是自由平等的社会的原理

那么，权利的正当依据是什么呢？卢梭认为，答案应当是社会契约。

卢梭首先假设，全体人类在自然状态中到达了一种无法生存的状态。在此基础上，他开始追问，基于怎样的原理才能构建出人人都自由生存的社会。卢梭作出的回答是，人们有必要缔结社会契约。

通过缔结社会契约，人们将会对剥夺他人自由、用尽手段获得权利的行为加以限制。与此同时，人也会承认到人与人之间存在能力差距，保障市民的自由及所有权。卢梭认为，社会契约才是唯一能够同时保证自由与平等的原理。

公共意志是市民社会正当性的基准

卢梭接着论道，“众人缔结社会契约，相互承认对方的自由，将自己置于‘公共意志’①的指导之下，创立‘共和国’”。

简单来说，卢梭认为，只有基于公共意志的“共和国”才是正当的国家。

与公共意志相区别的概念还有“个人意志”和“全体意志”。个人意志指追求个体对个人利益或团体利害的关心，全体意志是个人从个人意志出发、勉强形成的总和。全体意志中可能存在少数人和多数人的利益冲突。

与此相对，公共意志既不是个人意志，也不是包含个人意志对立冲突的全体意志。公共意志是追求市民共同利益的意志。

① 公共意志：共同意志。将个人关心放置一旁、追求集体利益的人民意志。

换言之，在卢梭看来，只有基于以全体成员平等地享受市民自由权利为目标的公共意志进行统治的国家才是正当的。

只有法治国家才是正当的

基于公共意志进行统治的国家只有共和国。这么一说，你可能想问，难道君主立宪国家就不合理吗？或者，只要是共和国就始终是正当的吗？实际上也并非如此。

卢梭所说的共和国必须满足的首要条件是基于反映公共意志的法律进行统治。也就是说，共和国必须是法治国家。

因此，即使表面上是共和国，但是政府实际上是基于特定团体的利害关心进行统治的话，这个政府也不是正当的。

法治国家的政府，不过是代理具有主权的市民进行国家治理的“公仆”。政府的任务就是基于以成员全体平等地享受市民权利为目标的公共意志进行统治。虽然这个道理在现在看来理所当然，但是在卢梭以前，从来没有哲学家这样讨论过政府与市民关系。

那些批判卢梭为恐怖政治与法西斯提供了思想依据的人，也许完全忽略了卢梭的上述观点。

找寻市民社会的根本原理

在《社会契约论》中，卢梭追问何为近代社会、近代国家正当性的原理，最终作出了回答。

首先，正当、合理的国家应该是基于公共意志进行统治的“共和国”。但是，共和国的政府未必永远都能在治理活动中反映出公共意志的要求，因此市民需要时时关注统治是否体现出公共意志。否则，人民主权将会名存实亡，化为形式上的民主主义。

社会契约、公共意志、法治国家。这三点主张是支撑《社会契约论》的原理框架。《社会契约论》一书完善了社会契约学说，确立了人民主权的原理，探讨了国家正当性的依据，可谓是近代哲学的璀璨结晶。

《纯粹理性批判》[1]
Critique of Pure Reason

伊曼努尔·康德

（Immanuel Kant，1724年—1804年）

“有色眼镜”认识论

① 可参阅《纯粹理性批判》（商务印书馆1997年出版，蓝公武译）。

“人的理性在某种认识上具有特殊的命运——即，为理性无法抗拒却也无法回答的问题所烦扰的命运。”

以笛卡尔为开端的近代哲学认识论，在发展过程中呈现出唯理论与经验论观点对立的局面。唯理论主张主观能够从根本原理出发、经过推论把握客观事物，经验论认为主观只能在感性经验能够触及的范围内认识客观。

18世纪时，德国哲学家康德提出了能够解决唯理论与经验论观点对立的思想——先验观念论[①]。

先验观念论也许是个我们不常听到的词汇。简单来说，先验观念论认为，主观天生具备认识能力，能够利用认识能力加工、组合感性获取的数据，达成对客观的认识。如果更形象地解释的话，这

① 先验观念论：认为在形成认识的条件中，质料提供认识对象，但是将对象整理加工形成认识结果的是主观内部的先天形式的观点。康德的先验观念论是一种基于人本身具备的认识装置达成共通认识的探索，在认识论的历史上是极大的进步。

就像人戴着有色眼镜，以透过眼镜获得的色彩及形状等为基础认识对象。

那么，这个“有色眼镜”认识论，如何解决唯理论与经验论之间的分歧呢？康德在《纯粹理性批判》中吸收唯理论和经验论优点，以此调解两种观点的对立，试图建立一种更为普遍的认识论立场。他提出以下主要观点。

我们的主观生来具备同样的认识框架，其中包含提供感性经验的能力（感性）、在感性经验基础上形成概念的能力（知性）以及基于根本原理通过推论对整体进行构想的能力（理性）。

如果我们能清楚地区别前两种能力和最后一种能力负责处理的范围，就能免于陷入独断论或怀疑论的陷阱中，实现对客观事物的共同认识。康德在本书中关注人的认识机制本身，尝试揭示其中奥秘。

康德绝对名列哲学史最难理解的哲学家排行榜前五名。如果是笛卡尔或卢梭等人的作品，也许我们自己读也能读下去。但是到了康德，读者一般都会感到挫败。也有人认为，康德之后的哲学超出必要程度地晦涩难懂。

但是我们要记住，无论何时，最重要的永远是要抓住哲学家观点的核心与精髓。只有这样，我们才能不在辞海迷失，时刻把握方向。

感性——有色眼镜

那么，让我们先来看看康德所说的“感性”吧。

前文提到的眼镜比喻淋漓尽致地展现出康德认识论的基本结构。其中，有色眼镜就是康德所说的感性。感性是提供认识对象颜色和形状等信息的认识能力。

我们透过眼镜获得信息，以此认识对象。对于感性无法捕获其信息的对象，我们无法形成有关认识。

对我们来说，有色眼镜就像是智能手机的内置电池一样不可取出。但是，假设我们能够取下眼镜，那么取下眼镜看到的事物就被称为“物自身”①。

“物自身”确实存在。但是，戴着内置眼镜的人看到的不过是透过有色眼镜获取信息后形成的“现象”。物自身是“最根本的存在”，只有像神一样具备万能认识结构的存在才能够认识物自身。

知性——整合信息的能力

要认识对象，只有用于获取信息的感性这一副有色眼镜是不够的，还必须有整合感性提供的碎片信息的能力。这就是康德所说的“知性”。

知性既可以整合信息，也可以进行抽象思考。凭借知性，我们可以作出如“A是B”“A不是B”“A可以是B”等判断，将认识对象一般化，形成有关对象的概念。

---

① 物自身：康德提出的概念。指现象背后的“本体”。物自身刺激人的感官，是感觉的起源。但是，人无法认识物自身本身。

但是，知性有时会脱离感性提供的信息，仅在本身逻辑影响下活动。知性会在没有感性经验支持的情况下，独断地进行判断。

康德把知性脱离轨道形成的认识称为“假象”①。在康德看来，假象与误解具有根本不同。误解可以消除，但假象却是来自人的意志，令人无计可施。

那么，假象在怎样情况下会引发问题呢？这时候，我们就需要关注处于认识结构最高位置的“理性”。

理性——认识完全存在的能力

我们一般会混用“理性”与“意识”。但是，康德所说的理性是指从原理出发、认识整体的、完整的、无条件的存在的能力。

比如，对“宇宙是否有开始和尽头”等有关宇宙整体图景的问题，都是发自理性的问题。

康德将理性处理的对象称为“理念”②。理性可以不借助感性和知性，从原理出发不断推论，最终达成对事物整体、也即理念的认识。

那么，问题来了。也就是说，主观有可能会认为在知性导致的

① 假象：单纯的感觉现象、主观表象。此处所说的假象与使感性经验成为可能的认识结构本身有关，也被称为“先验的假象”。

② 理念：超出经验可认识范围的对象。康德将自我、世界和神这三个对象称为纯粹理念。虽然这些理念客观并不存在，但它们可以作为符合道德要求地调动理性的条件。

“假象”欺骗下通过推论导出的错误是真实理念，并试图将之应用于现实社会。

但是康德认为，我们根本无法凭借经验来认识诸如宇宙的开始与尽头等问题，所以这在理论上是不可能的。话说到这里可能还不是很好理解，康德用理性的“二律背反”阐释了这个道理。

二律背反

二律背反是指某命题及与它相反的命题都成立，无法确定哪个命题为真的状况。康德在书中提出了以下四组二律背反：

（1）世界空间、时间的起始

（2）世界的最小单位

（3）自由

（4）神

让我们来一起看看清晰反映二律背反特征的第一组命题。康德通过第一组二律背反论证，人不可能通过经验事实认识世界整体。这一组命题的正命题与反命题如下。

- 正命题：世界在空间、时间上是有限的。
- 反命题：世界在空间、时间上是无限的。

世界是有限还是无限的？这就是这一组命题要探讨的问题。

乍看之下，我们难以判断到底哪个命题才是正确的。康德认为，这两个命题在逻辑上来说都是成立的。他使用类似于数学上经常使用的归谬法的证明方法，论证了这两个命题。

首先，康德如何论证这个正命题的呢？

> 让我们先假设时间没有开始。这就意味着我们无法确定世界的起点，只能无限地向前回溯。那么，要到达现在这个时点，必须经过无限相连的时间序列（比如现在这个状态之前、再之前、再再前……）。
>
> 但是从逻辑上来说，通过无限时间序列是不可能的。如果能够通过这个时间序列，就意味着这个时间序列并不是无限的。因此，世界必须要有开始。
>
> 此外，世界必有尽头。否则，我们就无法将世界作为一个整体认识。因此，世界必须要有范围和界限。

为了将世界作为一个整体来认识的话，世界必须具有开始与尽头。这就是正命题的核心所在。接下来，让我们再看看康德是如何论证反命题的。

> 让我们先假设时间有开始。那么，世界开始之前就应该是什么都不存在的空虚状态。但是认为世界从“无”中生有，是不合理的想法。因此时间不可能有开始。
>
> 同样，假设世界是有尽头的。那么世界之外就应该是

空虚划定的边界。但是空虚又不能有边界，因此世界不可能有尽头。

正命题认为世界既有起点也有终点，但是这个命题却是值得怀疑的。一旦确认了世界的起点，如果我们不作出“世界从无到有”的荒谬解释，就必须面临“是什么造成了起点”这一问题。当我们承认世界有终点时，也是一样的困境。一旦确定有终点，我们就不得不回答“世界结束之后是什么”的问题。因此，世界既没有起点也没有终点。这就是反命题的核心。

通过上述对第一组命题的论证，我们会发现正命题、反命题同样成立，我们无法对世界究竟有限还是无限的这一问题作出确定的回答。

从认识问题到道德问题

我们可以简单地认为，康德认识论的基本观点是人天生就具有认识能力。人的主观具有包含感性（有色眼镜）、知性（总结信息的能力）及理性（对事物整体进行推论的能力）三种能力的认识结构。人们通过认识结构，展开认识活动。这个结构是不可移除的，人无法越过它去认识“物自身”。不过，由于人都具备同样的认识结构，因此人可以在现象的层面实现共同认识。

但是，在通过事实证明有事物整体有关的理念时，我们就会遭遇二律背反，无法达成统一认识。

那么，理念究竟是为什么而存在的呢？理念难道是没有存在意义的吗？在面临这些问题时，康德转变了思考方式。

“理性的意义不在于从经验事实上把握世界样态。理性是为了明确道德行为、依照道德采取行动而存在的能力。理念为理性提供了按其目的行动的标准。”

在此认识的指导下，康德将问题从“世界是什么”转移到“对我们来说，什么才是善”之上。在下一章节我们将一起阅读的另一部代表作《实践理性批判》中，康德集中探索了后一个问题。

《实践理性批判》①
Critique of Practical Reason

伊曼努尔·康德

（Immanuel Kant，1724年—1804年）

以理性为“道德”的根据

① 可参阅《实践理性批判》（商务印书馆1999年出版，韩水法译）。

“如果没有道德法则，那么人也不会在其内部认识到自由。”

善是什么？在近代以前，这个问题只有一个正确答案——顺从神的意志，不违背神规定的世界秩序，按照神的法则生活。只有造物主才知道什么是善，人类因神的恩典才能知善。

宗教战争之后，人们开始质疑、反思中世纪式的世界观。斯宾诺莎、莱布尼茨及休谟等对人的自由极其敏感的哲学家们，尝试从与宗教及文化不同的角度探索善的根据。其后，康德在本章节中我们将一起阅读的《实践理性批判》中提出的道德论，更进一步推动了有关善的观念的发展。

在康德以前，几乎没有哲学家将善与道德明确区分开来。从柏拉图时代以来，人们就一直思索什么才是好的行为。但是，由于认为人能够自律地追求善的自由意识萌芽于近代以后，因此探讨“应有状态”的道德哲学也是在近代以后才出现的。

人已经不需要神的教导，可以在自身理性指导下判断什么是善、该做什么，并且付诸行动。这其中有人之为人的理由。这就是康德提出的道德论蕴含的深意。

格律与普遍立法原则

让我们先逐一确认康德道德论的具体内容吧。

首先，康德认为，道德必须以客观法则的形式表现出来。道德应当是适用于所有人、所有时间的行为规范。

康德将引导个人行为的主观法则称为“格律”[①]。格律是以个人幸福为目的的个人法则，是规定个人意志、行为的原则。

格律为主观情绪和欲求所决定，其中内涵因人而异。因此，不能以格律为规定行为的客观法则。

那么，什么才是道德的依据呢？康德的答案是“定言命令”[②]。

> 你要这样行动，就像你行动的准则应当通过你的意志成为一条普遍的自然法则[③]一样。

假言命令与定言命令相对。假言命令是像“我想要XX，所以

① 格律：可以理解为个人原则、哲学或者行事方针，等等。比如有人认为应当资助贫困的人，有人却认为经济支援无益于他们。在康德看来，格律是个人观点和行事原则，并非规定所有人应该怎么做的普遍法则。

② 定言命令：无条件的命令。与假言命令相对应。康德认为，只有定言命令才是道德的源泉。

③ 普遍的自然法则（普遍法则）：与主观规定的格律不同，所有人都应无条件地遵循的、具有普遍性的道德法则。重点在于普遍法则不应由文化或宗教所规定，而是应当出自人的理性。

我要做YY”之类附带条件的命令，为格律所规定。由于人们所欲求的事物不同，因此假言命令的内涵也会有所不同。

但是，定言命令却则非如此。定言命令是如“无论如何，做YY”之类的无条件的命令。

让个人法则随时可以成为普遍的道德法则，不断反思、审慎行动。康德以为，只有无条件下命令的定言命令，才担得起道德法则之名。

道德法则提供行为基准

也许有人会这么想，我们能将一种命令看作道德的原理吗？倘若道德法则确实具备普遍性，我们应该就不必命令人们去遵守了。

面对这些质疑时，我们应该考虑的是，人是或多或少受到“倾向性”[①]影响的存在。

依康德看来，所有人的格律基本上都受到倾向性影响。累了就要睡，饿了就想吃，格律的特征就是以使个人感到幸福的事物为目标。

格律说到底只是追求对个人而言的幸福，并非放之四海皆准的原则。格律不过只是个人的行为准则，并不具有普遍性。因此，不能以格律为道德的基准。

---

① 倾向性：基本上可以理解为“欲求”。倾向性与欲求的差别在于，倾向性同时也含有自然地为他人着想的冲动。比如，恻隐之心就是典型的倾向性。

人无法完全克服自己的倾向性。只有神一样的最高存在，才能不费吹灰之力就自然而然地克服欲望。人是无法完全克服欲望的。因此，道德法则必须以命令型的形式出现。

康德在《纯粹理性批判》中写道，以“实际行为”去规定“应有行为”是愚蠢的，我们当以“应有行为”去判断什么才是“实际行为”。

康德认为，人需要反思个人行为是否符合普遍原则，道德法则的意义在于给人们规定“义务”、为其提供可供参照的行为基准。

比如，你在地铁上正坐着时，眼前来了一位老人。一般认为，给老人让座是符合道德法则的行为。

让座之前，你心中也许想过“这个老人看起来站得好辛苦……我要不要让座呢”。但是在康德看来，这个想法就无关道德。这只是“我想让座”的倾向性在起作用而已。

康德认为，为他人做了些什么以使自己感到幸福的行为，其实只是欲望驱使采取的行动，而非道德的行为。

因施加于自身才有意义

定言命令与假言命令还有一点差异。假言命令为倾向性所支持，定言命令是人的意识施加于自身的义务。

只有理性自律地遵从道德法则、以此为义务并且实际履行才是符合道德的。康德设想的道德的根本条件在于，个体在不受他人命令、只在自身意志指挥下，主动服从道德法则。

在康德的观点中，服从习俗及文化等既存法则也不是符合道德的。习惯只是地方规则，仅在某个社群中通行。某一行为在某个社会内部是符合道德的行为，在另一个社会可能就是不道德的行为了。比如，日本人认为摸孩子的头是表示喜爱和亲昵的行为，但是泰国人则认为孩子的头上有精灵，摸孩子的头是禁忌。因此，地方习俗等规约不能成为道德法则。这也是康德认为定言命令是唯一的道德法则的原因之一。

基于对理性的信赖的道德论

理性地思考就能理解什么是道德的，这个看法本身也不能说是绝对正确的。人的理性既不是全能的，而且判断某个行为是否道德也只能诉诸事后解释。黑格尔在《精神现象学》中就意识到了这个问题，转而将伦理的条件规定为在与他者的关系中的认识结构。

但是，这些瑕疵无损于康德提出的道德论的光芒。

康德是史上首位明确指出人可以凭借理性把握何为善、何为道德的哲学家。中世纪时人因神的恩典得以知善的经院哲学观点，经斯宾诺莎及莱布尼茨的唯理论之后，在康德时期发生了根本性转变。

判断行为善恶的道德法则，既不是社群规则，也不是宗教教义，而是理性加于自身的定言命令。认为人具有同样的认识结构并以此为道德法则普遍性奠定基础的康德，将道德从神那里“拉”到了人这一侧。

《道德与立法原理导论》①

An Introduction to the Principles of Morals and Legislation

杰里米·边沁

（Jeremy Bentham，1748年—1832年）

确立功利主义的原理

① 可参阅《道德与立法原理导论》（商务印书馆2005年出版，时殷弘译）。

“我们可以说，符合功利性原理的行为，要么是必须做的行为，要么是不是不能做的行为。”

在德国哲学家康德提出道德论的同一时期，功利[①]主义哲学在英国萌芽成长。在本章节中我们将阅读的《道德与立法原理导论》，便来自功利主义哲学代表人物边沁。

说起功利主义，有人可能觉得，功利主义就是主张为了个人幸福可以牺牲他人的思想，抑或是政府可以为了多数人的幸福抛弃少数弱者的观点。

但是只要一读《道德与立法原理导论》，我们就会马上意识到这些看法不过是误解而已。

边沁在本书中设想了一种对他人怀有善意的人的形象，并且在此基础上构想正当合理的统治形态。我们怎么才能超越人与人之间的对立关系，使社会整体更加幸福呢？我们应该依据什么原理展开设想

① 功利：指幸福。边沁和穆勒认为功利就是快乐。

呢？边沁从功利主义的立场出发，尝试对这一系列问题作出回答。

功利性原理

首先，边沁认为，人的行为本质上取决于人的苦乐。他将此称为“功利性原理”。

功利性原理是说，只要某个行为能够提升所有利益相关者的幸福程度，那么这个行为就是正当的。在边沁看来，只有基于功利性原则考虑某个行为是善或恶才有意义。

此处所说的行为不仅指个人行为，还可以指政府制定、实行的政策。也就是说，一项政策是否正确，取决于它是否能够增进利益相关的国民的幸福。

边沁指出，我们可以利用强度及持续度等参数计算苦乐，测量个人幸福程度。在此基础上，只有使所有人的幸福总和最大化的、以“最多数人的最大幸福”[①]为目标的政策才是正当的。

出自善意的行为与功利性原理最为一致

边沁接着开始思考，为了实现“最多数人的最大幸福”，政府

---

① 最多数人的最大幸福：此观点认为只有实现最多数人的个人幸福的统治才是正当的。因为我们不可能严密地计算快乐与痛苦，所以“最多数人的最大幸福”仅仅是一个可用以判断统治是否正当的理念。

应该做什么。他的回答是，政府应该通过刑罚奖惩“消极地”增进社会幸福。

政府运用刑法最小化总痛苦量，给予奖励最大化总快乐量。警惕、防备犯罪，保障社会安全，间接地提升国民幸福度。政府只需要尽力建设保障“最多数人的最大幸福”的基础设施。在此基础上，个人积极地追求幸福，而个人本身也确实具备如此行动的动机——即对他人的善意[①]。

在边沁看来，善意是与功利性原则最为一致的动机。善意是一种不牺牲他人幸福又能够增加幸福总量的、自发的意志。比如，我们赠予他人礼物时，他人因此感到喜悦，我们自己也会因使他人喜悦而喜悦。

因对他者的善意而使相互都能感到温暖的社会——这就是边沁从功利主义思想出发构想出的社会。

针对统治实质标准的建议

但是，我们未必一定对他人怀有善意，善意是有条件的。边沁也不是没有想到这一点。

边沁之所以说善意是与功利性原理最相适应的动机，其中还有

---

① 善意：辞典中的“善意”定义是“为他人着想、支持与帮助他人的感情”。边沁所说的善意与此相差不远。如果为他人着想的心情得到满足，自己与他人都会感到幸福。我们若能想起恋爱时的心情，应该就能理解边沁所言善意之义。边沁认为，自发的慈善心是支撑功利主义的原理。

如康德所言的“幸福的定义因人而异”的内情。

如果幸福的定义起初就十分明确，那么我们不必凭借个人善意，只要任政府为实现“最多数人的最大幸福”而努力就够了。但是在人的自由意识觉醒、人能够自己追求幸福的观念萌生之后，我们理论上已经不能将一切甩给政府，只能自己去探索幸福的含义。这就是近代社会的基本理念。

那么，在市民社会中，如何才能实现“最多数人的最大幸福”呢？什么条件能在不侵害个人自由的同时还能增加幸福总量呢？边沁寄希望于最小程度发挥作用的政府与个人自发的善意。

边沁既不是借着“最多数人的最大幸福”肯定利己主义，也不是以此正当化多数人对少数人的压迫。边沁只是对如何使人人都享受幸福这一问题，尝试提出一个实质性的标准。

《法哲学原理》[1]

Elements of the Philosophy of Right

格奥尔格·威廉·弗里德里希·黑格尔

（Georg Wilhelm Friedrich Hegel，1770年—1831年）

有关自由原理的论断

① 可参阅《法哲学原理》（商务印书馆2011年出版，张企泰、范扬译）。

“权利与法律的命令要求尊重所有人格。”

随着近代自由意识萌芽，康德开拓了探索人“应有行为”的道德论这一崭新领域。人能够依靠理性判断何为“应有”状态，并且以此为基准自律地调整个人行为准则。康德的道德论极大程度上推进了在其之前由习俗与宗教等要素规定的对“善”的理解。

在康德之后，因完成德国观念论而闻名的黑格尔继续探索这一问题。

黑格尔哲学很难。如果有人让我举出最难读的哲学家的话，黑格尔毫无疑问会名列前三。黑格尔创造了许多概念，以这些概念构建了一个庞大的哲学体系。如果不熟悉黑格尔的独特用词，基本上不可能读懂黑格尔。

其实，如果只是难读的话，我们大可以随便翻翻就过。但是我们不能以这种态度来对待黑格尔。因为，黑格尔思想中虽然有一些无法证明的形而上学的内容，但是还有近代社会关于自由与正义本质的重要论述。这也就是在本章节中我们将一起阅读的《法哲学原理》

涉及的内容。

说起“法哲学”，也许有人误以为是有关法律的哲学。此处的“法”，其实是“正确”（德语：Recht，英语：right）的意思。也就是说，“法哲学”的意思其实是“有关正确的哲学”。

《法哲学原理》是一部极其重要的著作。黑格尔在本书中提出的有关近代社会原理的论断，与卢梭《社会契约论》共同缔造了近代哲学的巅峰。

法的原理是“自由”

黑格尔非常注重哲学思考的出发点。在《法哲学原理》中，黑格尔首先在绪论中探讨作为议论出发点的原理，再具体考察各个部分。因此，《法哲学原理》的开头部分是最难读的，越往后就会越好读。

那么，黑格尔以什么为原理？答案是“自由”。

黑格尔认为，“自由”首先出现在意志内部，在与他人的关系中逐渐“实质化”。也就是说，自由起初只浮现在人的脑海中，之后逐渐以社会制度等具体形式显现出来。

读到这里，我们也许会觉得黑格尔的自由与康德的观点差距不大。康德也认为，自由是道德的条件。

但是，康德所说的自由，实际上有很强的“不受欲求影响、自律地判断”的弦外之意。与此相对，黑格尔的自由则是说，判断并把握怎样的欲求对自己来说才是“好”的。

举个例子来说，假设有人觉得工作很麻烦，不想上班，只想在家里躺着，想去旅游，想去玩。

对这样的人，康德会说："谁都不会说偷懒是'好'的。那不过是你的欲求而已。既然生而为人，就应该能够克服那些欲望，符合道德要求地生活下去。"

康德的自由其实比较接近青年人的自制心态。

但是黑格尔式的自由更为老练成熟。"压抑欲望不是自由的条件。更重要的是，人要判断、理解哪种欲望才是'好'的，在此基础上与他者分享对自己而言的'好'。在社会中，人人都享受各自所认为的'好'，互相理解，这才是自由这一理念的本质。"

压抑懒惰情绪并不能让人感到自由。只有在反思个人欲望、使个人欲望朝着为他人所承认的方向发展的过程中，人才能感到自由。

根据黑格尔对自由的理解，我们可以这么想。如果讨厌现在的工作，就换一份工作。在职场之外，结交能够相互认同、相互批评的朋友。在与他者的关系中，我们才能切实感到我们拥有自由。

如果我们只是认为自由就是释放欲望的状态，我们很快会陷入百无聊赖之中。

我们只有不断涌现的种种欲求中选择其中最"好"的欲求、实现此欲所求并得到他人认可时，才能体会到黑格尔式的自由。

也即是说，自由不是超脱于欲望，而是实现欲望并且因此而受到认可时感到的情绪。

自由的根据在于“教养”与“人格的相互承认”

那么，我们怎样才能选出“好”的欲求呢？选出“好”的欲求的条件是什么呢？

黑格尔认为，人目前的欲求只是一种以冲动的形式出现的“恣意”而已。恣意是主观而非客观的。但是，人的意志能够反省、从更加普遍的视角反思恣意，从而将主观的恣意提升到客观的层面上。黑格尔将提供给人更加普遍的视角的条件称为“教养”。

我们有时将教养与知识看作同义词。但是，黑格尔所说的“教养”，是一种能够判断对自己而言的“好”是否是普遍的“好”的能力。

教养告诉我们，社群具有多种多样的价值取向。自由就存在于人人追求各自看来的“好”并且使之成为现实的过程中。教养带来的智慧促使人们承认，所有人都是追求“好”的存在。黑格尔将之称为“人格的相互承认”①。

> 人格含有权利能力。人格是抽象的、形式权利和法的、概念及其自身的抽象基础。因此权利与法的命令要求对自身及他人所有人格的尊重。

人格的相互承认与“教养”共同构成自由的基本原理。这就是黑格尔在《法哲学原理》中的主张，也是在本书思想体系的根基。

---

① 人格的相互承认：超越人种、国家及文化差异，互相承认每个人都是一个平等的人格。黑格尔认为，这是使自由转为实质的自由的基础。

“自由”通过社会制度实现

黑格尔式的教养使我们认识到“好”的多样性，为了人人都能追求各自的“好”，我们需要在人格上互相承认。

但是一旦将目光转向现实生活，我们会意识到黑格尔的理念其实并没有得到实现。虽然他的观点在理论上是正确的，但是现实与理论的差距实在太大。黑格尔将认识现实情况之上主动追求普遍正确的意志称为“道德”。

“一定要消灭不平等！”“必须消灭战争！”道德就是这样以实现“善”为目标的心。

在我们不受他人命令、能够自由地决定目标时，道德也就成为一种自由的体现。但是，道德最大的弱点在于仅仅描绘了理想状态而不具备实现目标的手段方法。

要想人人把握住对自己而言的“好”并且与他人分享、从中切实地感受到自由，仅仅画下蓝图是远远不够的。

那么，我们还需要什么呢？

我们需要的其实是现实条件——社会制度。

有关“自由”原理的论断

黑格尔在《法哲学原理》后半部分的“伦理”中，详细讨论了实现自由的社会制度，议论繁细，在此省略。但是，其中观点与我们在前面读过的内容基本上是一致的。

社会制度必须是使人人能够实现各自的“好”的实质性条件。当然，有些人感到十分幸福时，必定有些人感到不那么幸福，“对于所有人而言的幸福”这种观念本身就不成立。市民社会也无法避免产生贫富差距。

但是我们倘若因此就否定市民社会，则是本末倒置。市民社会以人的欲望为依据产生存在，产生贫富差距是很正常的。我们不能因为贫富差距存在，就全盘否定市场经济体制和市民社会。

那么，我们究竟该怎么办呢？按照黑格尔的观点，我们应该在人格的相互承认这一前提下，认识到差距是不合理的现象，通过财富再分配及义务教育等等制度调节差距。如果我们只是放任差距扩大，近代社会的根基——人格之间的相互承认这一理念最终只会名存实亡。

黑格尔一生非常勤奋好学。除了哲学以外，他还对经济学、政治学及历史学等诸多领域有所涉猎。但是，黑格尔没有在书中自负地夸耀学问，而是非常真挚地思考“自由”对人的生存而言的意义与价值，探索使人人都能够过上“好”的生活的条件。

黑格尔对此作出的回答——人格的相互承认，与卢梭提出的公共意志共同成为近代哲学探索得出的决定性原理。

《致死的疾病》①
The Sickness unto Death

索伦·克尔凯郭尔

（Soren Kierkegaard，1813年—1855年）

存在主义哲学的先驱

① 可参阅《致死的疾病》（商务印书馆 2012 年出版，张祥龙、王建军译）。

"如果有人几近绝望，那我们应该说抓住可能性、抓住可能性，只有可能性才是唯一的救赎。"

近代哲学自其伊始，就关注认识与社会的问题。从笛卡尔到康德，认识论追问主观是否能够正确地认识客观；自霍布斯至黑格尔，社会哲学探讨怎样的社会才是正当、合理的社会。

在这两个领域之外，丹麦哲学家克尔凯郭尔提出了新问题——存在[①]的问题。

只说存在，可能会令人感到迷雾重重。在哲学上，存在这个关键词用以指代与他人无法替代的"我"、只有一次生命的"我"的存在。那么"我"究竟是什么呢？存在主义哲学就是考虑这个问题的哲学支流。

克尔凯郭尔在这章节中我们将一起阅读的《致死的疾病》中，

① 存在：真实地存在的状态。在克尔凯郭尔之后的存在主义哲学中，特别用以描述人独特的存在状态。

描绘了在绝对理想前下定决心或选择逃避的、具体的“我”的姿态。他在书中将“我”被夹在理想与现实之间的纠葛展现出来，这在哲学史上还是首次。

人是与自身发生关联的关系

人与其他存在大不相同。那么，如何不同呢？克尔凯郭尔在卷首中这样写道：

> 人是精神。那么精神是什么呢？精神是自我。那么自我是什么呢？自我是在关联中发生的自身与自身的关联。自我不是关系本身，而是与关联发生关联。

这句话简直让人读了头晕脑涨。如果有人忽然这么说，我们也只会感觉到一头雾水。但是，这句话的内涵其实并不复杂。

克尔凯郭尔认为，自我是关联。只是此处所说的关联是与自身产生关联的意思。也就是说，“我”这个存在绝不是像物品一样单纯地存在着，而是总是以自我为问题、与自身不断发生关联地存在着。人与物品不同，往往以个人为中心，将个人存续看作首要问题。这就是克尔凯郭尔所认为的人的存在的独特属性。

绝望是什么？

《致死的疾病》的主题是“绝望是什么”。所谓“致死的疾病”，其实指的就是“绝望”。

我们在什么情况下会感到绝望呢？看不到任何希望和可能的情况下。对现状束手无策的时候。“走投无路”这个成语，也将淋漓尽致地体现出了绝望。

克尔凯郭尔认为，绝望有两个形式。其一，逃避现实、追求理想；其二，忘却理想，脚踏实地。更具体地说，第一种形式的绝望是不在现实社会中努力、只做春秋大梦，第二种形式的绝望是嘲讽理想、只关心在现实生活中的成功。

基于此，克尔凯郭尔以无限性和有限性、可能性与必然性为主轴，从两个方面探讨了绝望。简单来说，他认为，只追求理想的绝望具有无限性和可能性，嘲笑理想的绝望具有有限性和必然性。只要我们记住这些组合，接下来应该就不会在克尔凯郭尔的论述中迷失方向。

无限性绝望——“幻想”

克尔凯郭尔将无限性绝望定义为“幻想”。此处所说的幻想，很接近我们平时所说的“梦想”或“空想”。

> 一切以为自己已经成为无限或者希求仅仅成为无限的人的生存方式，或者事实上，每个所有以为自己已经成为无限或者希求仅仅成为无限的瞬间，都是绝望的。

人经常会幻想出另一个我，借此逃避眼前的一切。比如，假如我是亿万富翁，或者假如我是个大帅哥或大美女……

想象本身确实也能够向我们展示出另一种可能。如果我们甚至都不能幻想，那么我们只能单纯生存着。这种生活是极其贫乏无趣的。

但是，问题在于脱离现实的空想。空想将我们从真正应该做的事情、应该面对的情况抽离出来。空想乍一看很像希望，但是因其本身不具有成为现实的可能，所以也只是一种绝望而已。

有限性绝望——“欺骗”

接下来，让我们一起来看看有限性绝望。克尔凯郭尔将之定义为“欺骗”[①]。

“欺骗”是指，按照现实世界、社会标准规定自身存在。

因追求某种理想状态而筋疲力尽。放弃自身固有的状态，选择从众，因而感到轻松安心。克尔凯郭尔认为，这种依照社会基准采取行动的行为也是绝望。

可能性绝望——脱离自身

可能性绝望是脱离自身。克尔凯郭尔之所以认为自身是必然性，

---

① 欺骗：在克尔凯郭尔看来，以进入好学校、进入好公司、组建好家庭等为人生理想的人，大都是被社会所“欺骗”了的。

是因为我们都只有一次生命，谁都无法脱离自身、成为他人。

克尔凯郭尔在书中写道：

“自身只有在现在的自身中才能‘成为’自身。如果不接受现在的自己，人就会一直彷徨在幻想的世界中。”

要想成为理想的自己，只能改变现在的自己。无论多么强烈地希望成为理想中的样子，只要不从现在的自己入手，人是不可能成为理想中的自己的。只是想着“我要是能成为那样可就太好啦”，是没有希望的。

必然性绝望——缺乏理想

最后是必然性绝望。必然性绝望是指，失却了对自身的理想。简单来说，就是一种顺其自然的、说着“随便吧”放弃一切的绝望。

> 当某人晕倒时，我们需要水、科隆香水、溴盐来救他。如果有人几近绝望，那我们应该说抓住可能性、抓住可能性，只有可能性才是唯一的救赎。

这句话清晰地传递了克尔凯郭尔的深刻思想。将要沉溺在绝望中的人真正需要的就是可能性。可能性是让我们活下去的希望。

围绕理想与现实的自我故事

人与物品不同，人总是在思考着自身的存在。这也是在克尔凯郭尔看来导致绝望的根本原因。绝望抑或希望，都不是萌发自世界某个角落的，而是在我们与自身的关系中出现的。

虽然我们并不是每天都要在理想与现实中作出抉择，但是我们也许不得不承认，这些抉择形成了我们人生中的重要节点，使我们切实感到——我们确实存在。

《功利主义》[1]
Utilitarianism

约翰·斯图亚特·穆勒

（John Stuart Mill，1806年—1873年）

以“幸福”为道德根据

① 可参阅《功利主义》（商务印书馆2014年出版，徐大建译）。

“与其当一只满足的猪，我宁愿做一个满足的人；与其成为一个满足的蠢人，我宁愿成为不满足的苏格拉底。”

由边沁创始的功利主义哲学与康德的道德论相对，以探求道德的实质性基准为目的。

康德认为，道德准则必须采取具备法则的“形式”。“好”的内涵因人而异，不具备普遍客观性。因此，定言命令才是道德的基准。

与此相对，功利主义哲学批判康德，认为要讨论道德基准和根据，就必须从某个行为在多大程度上带来“幸福”这一视角出发。

在本章节中我们将一起阅读的《功利主义》中，穆勒基于功利性原则，深化边沁提出的立场，探索道德与正义的基本原理。虽然穆勒与边沁的重点略有不同，但是在大体方向上是一致的。

行为的合法性取决于是否带来幸福

穆勒认为，要判断一个行为是否正确，应该它是否带来幸福——即快乐为基准。从功利主义的角度来看的话，一个行为越能够带来幸福，它就越是正确的；反之，一个行为如果越能带来不幸——即不快，它就越是错误的。

也许有人会对将快乐等同于幸福的观点蹙眉。快乐与幸福能就这样画上等号吗？追求快乐和追求幸福不是两码事儿吗？但是在穆勒看来，对此感到疑惑的人只是没有把握清楚对人而言快乐的本质。

> 与其当一只满足的猪，我宁愿做一个满足的人；与其成为一个满足的蠢人，我宁愿成为不满足的苏格拉底。如果那只猪或者那个蠢人对此有不同意见，那是因为他们只知道他们自己的问题。

对人来说，快乐既是肉体性的，也是精神性的。当我们意识到能够追求精神性的快乐时，将无法满足于肉体性的快乐，转向追求更加“符合人性”的快乐——即精神性的快乐。

基于此，穆勒认为，我们应该以是否使生活更加充实这一点为道德的基准。

在穆勒的观点中，道德的本质是为了使所有人都能够享受充实生活而应该得到遵守的普遍规则。而康德所说的纯粹的、形式上的法则，很难说是道德的本质。

正义是社会功利

穆勒紧接着从功利主义的视角论述了“正义”的本质。

我们总是将正义放在与功利及实用性相对立的阵营中。比如，我们认为法庭是一个下定决心、裁决社会之恶的地方，它与实际利益、快乐及幸福是断裂开来的。谈起正义这一概念时，我们总是会产生这样的印象。

但是，穆勒并不赞同这种看法。正义并非脱离实际利益的基准。正义就是众人的实际利益——也就是社会功利。正义一旦脱离功利存在，就会化为空骸。

将道德与正义根据置于人际关系之中

与康德将道德与幸福看作对立面的论法不同，穆勒以功利为道德依据，进一步推动了道德原理发展。

康德提出的理性能够使人自律地朝着应有状态前进的观点，在哲学史上确实是很大的一步。但是，在他的道德论中，仍然留存有神的观念。这点瑕疵实际上折损了康德道德论的说服力。事实上，任何以自然或神及传统习俗等人际关系之外的概念为正义根据的尝试，在哲学上都是一种倒退。

然而，穆勒在《功利主义》中，特别是在其中有关正义的部分中，将道德与正义根据置于人际关系之中，他的理论也因此展现出很强的说服力。这也是由霍布斯创始的近代政治哲学在经过卢梭、黑格尔、穆勒三人完善之后终于得出的成就。

《论自由》①
On Liberty

约翰·斯图亚特·穆勒

（John Stuart Mill，1806年—1873年）

以自由为“幸福”的条件

① 可参阅《论自由》（商务印书馆2005年出版，许宝骙译）。

“唯一担得起自由之名的自由是，在不夺取他人的幸福也不阻碍他人追求幸福的努力的情况下，我们通过自己的方法追求自身幸福的自由。”

自由是什么？穆勒基于功利主义的原理，探讨个人在市民社会中的市民自由，尝试对这个问题作一回答。

穆勒拥护自由。但是，他并不是单纯地认为“越自由越好”。在本章节中我们将一起阅读的《论自由》中，穆勒并不是在陈述个人的价值观，而是在讨论自由必须得到拥护的原理。

那么，穆勒将什么作为自由的根本依据呢？答案是功利（也就是幸福）。

在功利主义原理看来，自由并不是“想做什么都可以”。人可以在不妨碍他人追求幸福的情况下，追求自己固有的幸福。

穆勒所说的自由，基本上就是这个意思。在此基础上，他开始思索，为了实现这种自由，到底什么才是必要条件。

危害原则

首先，穆勒从与边沁一致的功利主义视点出发，讨论了统治的理想形态。穆勒将所有人都能自由地追求其固有的幸福、享受幸福的状态称为“最大幸福状态”。在此基础上，穆勒提出，一切统治都应完善实现最大幸福状态的基础条件，因此统治必然是自由主义体制。

然而，由于国民与政府之间、国民内部都存在少数群体与多数群体，自由主义的统治形态只是保证自由的其中一个条件而已。

为了实现市民自由，只有自由主义的政治体制是不够的。我们必须采取某些对策防止多数人对少数人的不当压制。对这个问题，穆勒提出了“危害原则”。

> 危害原则是说，人类以个人或集团的行为干涉任何人的行动自由都必须是出于唯一的正当的原因——即自我防卫（self-protection）。此外，违反文明社会任一成员的意志、行使权力也必须出于唯一的目的——即为了防止对其他成员的危害。

只有在他人行为违反了最大幸福状态这一理念的情况下，干涉他人自由的行为才是正当的。

比如，虽说都是伤害他人身体，如果是为了加害于他人（比如杀人），那么这时候的行为自由是不被认可的。但是如果是为了他人幸福（比如给对方做手术），那么我们就不能干涉某人伤害他人身体的自由。

危害原则是为了判断某人的行为是否符合最大幸福状态原理的原则。依照危害原则，确保不存在多数人对少数人的不当压制，使社会朝人人都能自由追求固有幸福的方向发展，这就是功利主义原理指明的道路。

穆勒认为，为了落实功利主义的自由原理，需要鼓励发展“个性”。只有自由地发挥个性、实现多样化的生活方式并存，我们才能相互促进，成为有益于他人、对他人而言有价值的人。换句话说，通过相互展现个性、相互批评，我们才能朝着最大幸福状态前进。

定义个人“幸福”的能力

我们平时也许觉得，生活在一个自由的社会中是理所当然的事情。但是作为一种权利的自由，实际上未必会使我们切实地体会到我们确实拥有自由。

穆勒在《论自由》中这么论道。

“自由不是绝对价值。自由只是基于功利性原则判断出来的。自由只是以功利性原则为基础、使人人都能追求幸福、提升社会整体幸福程度而提出的条件而已。”

在此，我们必须思考的问题是，如何才能定义对个人而言的幸福。倘若只是提倡个性，其实并没有什么意义。虽然穆勒的论述没有这么简单，但是如果我们不能定义自己的幸福，那么即使生活在自由的市民社会中，我们也不会感到自由。

如果我们能够把《论自由》与定义个人幸福的理论工具（比如黑格尔在《法哲学原理》中提出的自由论在此就极为有效）结合起来，也许我们能够活得更加深刻。即使是在这个意义上，我们也可以说，穆勒的功利主义哲学缔造了近代社会哲学的巅峰。

现代之一

从尼采到海德格尔

《悲剧的诞生》[①]
The Birth of Tragedy

弗里德里希·尼采

（Friedrich Nietzsche，1844年—1900年）

肯定生存意义的尼采处女作

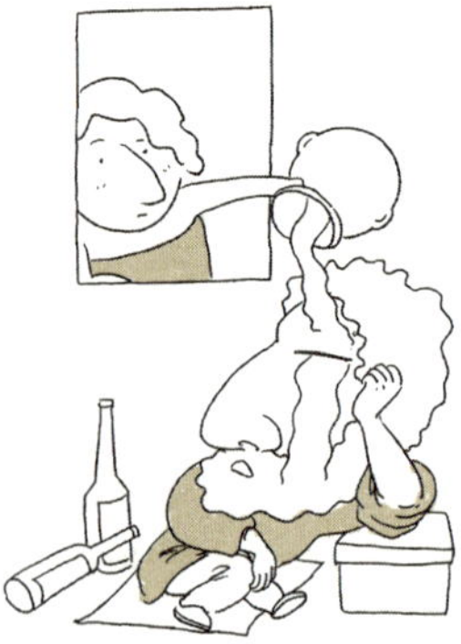

① 可参阅《悲剧的诞生》（商务印书馆2012年出版，孙周兴译）。

"我很遗憾当时没有以诗人的勇气说出必须说的。"

19世纪下半叶，近代社会逐渐走向成熟，哲学也自近代过渡至现代阶段。现代哲学面临的课题更加多样化，我们无法以一言蔽之。但是，现代哲学与近代哲学同样都以认识和社会问题为主要任务，并且在此基础上增添了我们在后面将会看到的语言问题。

在本章节中，我们将一起阅读被奉为现代哲学开创者的尼采真正意义上的处女作——《悲剧的诞生》。

尼采在创作本书时专攻古典文献学，年仅24岁便被擢为教授。但是发表本书之后，学界对尼采的评价一落千丈。人们认为《悲剧的诞生》所述内容不过是尼采的个人见解而已，不具备学术价值，这本书被贴上了通俗读物的标签。此后，尼采便从哲学舞台上销声匿迹了。

虽然尼采在本书中提出的观点确实不是学术性的，但是《悲剧的诞生》明晰地体现出贯穿尼采哲学思想的主题——对生存的肯定。尼采说，这本书是"高傲热情"的。希望你也能够从中体察到尼采迸发的热情。

悲剧的诞生？

在《悲剧的诞生》中，尼采首先从对希腊悲剧的诞生和意义入手展开论述。不过，这也只是本书的一个部分而已。

尼采认为，希腊悲剧的意图在于“肯定生存”。基于此，他对整个近代文化、特别是其中的科学展开了批判。此处所说的科学，具体而言是指以自然科学为代表的实证科学。

实证科学认为，数据能够正确地反映客观情况。在尼采看来，实证科学这一基本态度，实际上是不加批判地就将近代以来哲学探讨的“主客一致”的可能拿来作为预设前提。

科学没有意识到认识活动的界限，乐观地以为自己是客观的。尼采批判道，这种态度大大背离了古希腊悲剧的精神。对尼采来说，悲剧就是甘受现实之苦与难堪的态度。

我们还是先来确认尼采如何解释希腊悲剧的诞生的吧。

尼采在卷首写道，艺术是以“太阳神式”及“酒神式”的对立为轴发展而来的。太阳神及酒神都是希腊神话的神祇。此处所说的“太阳神式”艺术指雕刻艺术，“酒神式”艺术指音乐艺术。

尼采认为，在古希腊时，太阳神式艺术和酒神式艺术首先是并驾齐驱地分别得到发展。之后，在希腊“意志”的作用下，兼具太阳神及酒神特点的艺术——希腊悲剧自此诞生。这就是“悲剧的诞生”。

不过，这只是尼采的一家之言。自本书发表以来至今，这个观点始终没有获得学术界的认同。

《悲剧的诞生》之所以为众人排斥，就是因为尼采在书中没有遵循学界规范、只是随意地发表了个人见解。我们也确实能理解，任何学者都无法容忍有人无视既有研究成果、不基于材料进行肆意解读吧。

肯定生存与世界的希腊悲剧

对希腊人来说，希腊悲剧究竟具有什么价值呢?

尼采回答道，希腊悲剧的价值在于，它肯定含有苦恼的生存及世界整体。

在尼采看来，埃斯库罗斯①的悲剧《被缚的普罗米修斯》，体现出为了实现正向发展而不断努力的人类必须承受众神降下的各种苦难的思想。

《被缚的普罗米修斯》的故事梗概如下：

> 拥有对世界的支配权的宙斯将要毁灭人类时，巨人神普罗米修斯将天上的火种送给人类，使人类免于灭亡。但是，普罗米修斯也因为激怒宙斯，被宙斯绑在岩山之上。然而普罗米修

① 埃斯库罗斯（公元前 525 年—公元前 456 年）：古希腊悲剧作家。曾在波希战争期间参加马拉松战役（公元前 490 年）。一生创作戏剧总数达 90 部以上，其中仅现存《被缚的普罗米修斯》《波斯人》及《俄瑞斯忒亚》三部曲等 7 部。

斯始终都没有停止对宙斯的抵抗，他最后被打入深渊。

尼采高度评价《被缚的普罗米修斯》这部悲剧。他认为，埃斯库罗斯不仅赋予普罗米修斯主动犯下的罪愆以尊严、肯定罪愆本身，还肯定了因罪愆而起的苦恼。

希腊悲剧因“审美的苏格拉底主义”灭亡

古希腊有三大悲剧诗人：索福克勒斯[①]、埃斯库罗斯、欧里庇得斯[②]。尼采认为，前两人达到了希腊悲剧的巅峰，但是欧里庇得斯却使希腊悲剧走向灭亡。这是为什么呢？其原因在于，欧里庇得斯向希腊悲剧中注入了“审美的苏格拉底主义”。所谓审美的苏格拉底主义是尼采自造的词汇，指主张“理解然后美”的观点。

在欧里庇得斯的戏剧中，没有忽然发生的、使主人公苦恼的怪诞事件。在戏剧序词中，值得信赖的人或神祇事先告诉观众故事经过，结尾时“机械降神”[③]登场、保证主人公们今后将如何走向未来。

---

① 索福克勒斯（公元前497年—公元前406年）：活跃于雅典全盛时期的古希腊悲剧作家。自29岁首次参加悲剧戏剧节获胜以来，一生获胜24次。据说索福克勒斯一生创作了123部作品，仅有《俄狄浦斯王》《安提戈涅》《厄勒克特拉》等7部作品及断简传世。

② 欧里庇得斯（公元前485年—公元前406年）：古希腊悲剧作家。欧里庇得斯从神话及传说汲取有关人的写实内容。据说欧里庇得斯一生创作了92部作品，现存作品有《美狄亚》《希波吕托斯》《在陶洛人里的伊菲格纳亚》等19部。

③ 机械降神：来自古希腊古典戏剧，指在最终幕时使用起降机从上方出现舞台、解决困境的角色。

一切都如同苏格拉底辩证法一般，剧情发展与人的意志与痛苦毫无关涉。

举个身边的例子，童话故事结尾常常出现的“从此，王子与公主幸福地生活在一起”之类的话，就相当于此处的“机械降神”。

审美的苏格拉底主义攻击酒神式的智慧及艺术，不让人直面矛盾，反而引领人们走向可以解决的问题。尼采认为，近代社会陷入了苏格拉底式的文化之中。我们平时看的电视剧大多都是圆满收场，似乎很少有未来仍有不安的结局。尼采称这种田园牧歌式的文化状态为“歌剧文化”，并对此展开批判。

尼采认为，酒神式精神正从与苏格拉底式的歌剧文化迥异的环境中逐渐觉醒。这个环境即是德国音乐，特别是处于其系谱之上的瓦格纳①音乐。

“德意志精神能够通过瓦格纳的音乐，剔除其中‘低下’的罗马式文化等异国元素，回归自身。”

燃于理想的尼采

《悲剧的诞生》充满尼采青年时期的理想。虽然他在前半部分中还压制着热情、分析希腊悲剧，但是这份被压抑的热切情感从批判欧里庇得斯的部分开始逐渐不受控制，到本书最后，他的热情完

① 理查德·瓦格纳（1813年—1883年）：德国作曲家。开创了不同于传统歌剧、综合音乐、诗歌及戏剧等艺术的音乐剧。瓦格纳还设计了拜罗伊特节日剧院。

全迸发出来，肆意奔腾。

尼采在本书中提出的观点究竟正确与否？这个问题的答案其实并不重要。重要的是《悲剧的诞生》对尼采之后的思想产生了怎样的影响。

尼采在《悲剧的诞生》之后撰写了《人性的，太人性的》[1]。在这本书中，他怀疑一切既有理想。但是从尼采思想整体的角度来看，《人性的，太人性的》也只是他为了探索究竟什么才是“好”的而做的前期准备工作。

正是青年时期的理想经过彻底怀疑一切的锻造之后，才获得了走向普遍的可能。如果没有在《悲剧的诞生》中对现有文化的反思和批判，尼采也许写不出如《查拉图斯特拉如是说》[2]《论道德的谱系》等一系列杰出之作。

---

① 《人性的，太人性的》：尼采中期箴言集。在书中，尼采尝试对形而上学、宗教、艺术等既有价值进行彻底的批判。

② 《查拉图斯特拉如是说》：尼采后期思想代表作。尼采在其中表达了他关于“永劫回归”和“超人”的思索。书名中的查拉图斯特拉是琐罗亚斯德教创始人琐罗亚斯德名字的德语发音。

《论道德的谱系》①
On the Genealogy of Morality

弗里德里希·尼采

（Friedrich Nietzsche，1844年—1900年）

追问道德的“价值”

① 可参阅《论道德的谱系》（商务印书馆 2016 年出版，赵千帆译）。

“我们批判有关道德的各种价值之前，必须要先探明各种价值本身的价值。”

当我们听到有人说“那个人很道德”时，首先会产生怎样的印象呢。也许我们会认为，这个人应该会向陷入困难的人伸以援手、处处为他人着想。

但是，如果道德是基于认为“这世界实在是太糟糕了”的憎恨情绪而产生的话，情况会变成怎样呢？道德本身究竟是“好”的吗？我们为什么需要道德呢？尼采在《论道德的谱系》中通过思考这些问题，探究道德的价值与条件。

《论道德的谱系》由三篇论文构成。第三篇论文以批判基督教为主，重要程度略逊于前两篇。让我们在此主要关注第一、第二篇论文吧。

第一篇：肯定自我的道德，憎恨的道德

这篇论文的主要观点是，认为某一事物“好”或“坏”的价值

判断会为憎恨[①]扭曲、发生逆转。

所谓憎恨，其实也就是指忌妒。尼采把“那家伙怎么那么受欢迎”或“怎么那家伙升职升得那么快”之类忽然间涌起的不爽感觉称为“憎恨”。

那么，憎恨如何逆转自然产生的价值判断呢？在回答这个问题之前，我们需要先看看自然的价值判断是怎么形成的。

在尼采看来，认为“好”的价值判断源自“好”人将自身行为评价为“好”的行为中。也就是说，判断结果为“好”的价值判断，其实是以自我肯定的形式出现的。尼采将由自我肯定产生的道德称为“主人道德”[②]，将基于憎恨产生的道德称为“奴隶道德”[③]。

一切主人道德生自肯定，一切奴隶道德生自否定。对憎恨来说，否定本身就可以生出价值。否定就是奴隶道德的本质条件。

憎恨这么孕育奴隶道德。首先，被憎恨冲昏头脑的人会将强者看作是“恶人”；其次，将与这个“恶人”相比弱小的自己看作是“善人”。最后得出“强”就是坏、“弱”就是好的结论，我“弱”，所以我就“好”。憎恨就是在这种歪曲了的推论中生出奴隶道德的。

① 憎恨：尼采所说的憎恨是指“弱者”对“强者”的忌妒和痛恨。
② 主人道德：因判断“好”为“好”而生的道德。卓越性。
③ 奴隶道德：因将“坏”错判为“好”而生的道德。以憎恨为原动力。

憎恨的人没有自己的价值取向

主人道德或者奴隶道德，听起来总有些刺耳。但是，尼采并不是为了抬高强者、践踏弱者而提出这一组概念的。这个世界也有被认为是“强者”、实际上却弱得不行的人存在。此处所说的强与弱取决于个人的价值取向。

主人和奴隶的根本不同在于，主人自己具有判断好坏的价值准则，奴隶则向外寻找价值准则。

也就是说，主人内部具有独立判断的准绳，不因他人评价而畏首畏尾。奴隶则将目光转向外部，比起自己判断究竟什么是好、什么是坏，奴隶更依赖于外部既有的价值准则。在奴隶无法认同主人认定的“好”时，奴隶的价值基准就会发生扭曲。

第二篇：能够结下契约的人是有“良心”的

第二篇论文的主题是“良心”。

良心使人知晓善恶。即使是在没有触犯法律的情况下，做了不好的事情，我们还是会有罪恶感。尼采在这篇论文中探讨的问题是，怎样的良心才是好的良心、怎样的良心是扭曲的良心。

尼采认为，良心是使人具有缔结契约的能力。认识到自身责任，遵守约定，不背叛另一方，这都是良心在发挥效力。这个观点既简单又深刻。

假设你和朋友约了第二天早上十点见面。第二天早上下雨，四处湿淋淋。此时，你应该会觉得“哎呀出门好麻烦”。但是你还是会在心里叩问自己“不去真的行吗”，然后想着“毕竟是重要的朋友，我还是按时去吧”，然后下定决心出门。

这个情景体现出的遵守约定的个人意志，就是尼采所说的良心。

良心谴责

除了许下承诺的良心之外，还有一种自后悔或愧疚而生的良心。这就是良心谴责，也就是尼采所说的扭曲了的良心。

尼采认为，良心谴责的根本原因在于对“祖先”的亏欠。

“人种只有通过祖先的牺牲和成功才能得以延续。因此，我们必须不负期待，好好生活。”

这种以愧疚和罪恶感为起点、认为自己背负某种义务的良心，就是良心谴责。

说起祖先，与其理解成建立国家的英雄豪杰，我们可以想象离我们很近的“祖先”，比如我们的父母。举个类似的例子，当我们觉得做某件事情好麻烦的时候，良心谴责就会自“可是不做的话，就感觉对不起父母的期盼”的感觉而生。良心谴责与奴隶道德相同，都以个人之外的价值准则为基准。

“锻造”正义

近代的自由意识描绘了人应有的状态，使按照这一状态生活成为可能。道德观念也因此得到极大发展。但是，这并不意味着道德一定能够使我们的生活更加充实美好。

有时，道德会促使我们在生活不顺时作出否定人生与世界的解释。

“人生不应该是这样的呀。”

“为什么我会遭遇这种困境……”

在此基础上，我们可能会认为，正在受苦受难的我们才是正确的，社会是有错的。

“奢侈的生活是错的。”

“断舍离的清贫生活才是正确的。”

“快乐充实的人生是有违道德的。”

“痛苦的人生才是真理。”

读过《论道德的谱系》之后，你也许会意识到，这些所谓的“道德”不过都是以憎恨为原动力产生的扭曲的正义。在第三篇论文中，尼采用下面一段话恰到好处地勾勒出了憎恨的心理。

> 哦！说到底是他们自己准备实施赎罪，他们多么渴望当刽子手！在他们当中有一大批装扮成法官的复仇鬼，他们嘴里常含着“正义”的字眼，就像含着有毒的唾沫。他们的嘴总是噘着，时刻准备着把所有这些唾沫吐到街上那些生活满足、心情愉快的人身上。

这种所谓的正义，难道不是出自憎恨吗？其背后难道不正是良心谴责吗？我们只有对此展开彻底的思考，才能更加深刻地理解正义。

那种主张“弱者才是对的”的正义未经锻造，实在太过粗糙。这是尼采教给我们的事。

《权力意志》[①]
The Will to Power

弗里德里希·尼采

（Friedrich Nietzsche，1844年—1900年）

认识原理的根本变革
——从主客观一致到“权力”关系

① 可参阅《权力意志》（商务印书馆 2007 年出版，孙周兴译）。

“我要反对停留在现象层面、主张‘只有事实存在’的实证主义。我认为，事实本身并不存在，存在的只是解释。”

尼采在《论道德的谱系》指出，道德是与憎恨相关的价值解释。在本章节中我们将一起阅读的《权力意志》中，尼采以此洞察为根本认识原理，同时也讨论了《悲剧的诞生》中“肯定生存”的可能性问题。

《权力意志》集合了尼采未完成的书稿。尼采死后，嫁给反犹太主义者贝尔哈特·福斯特[①]的尼采妹妹伊丽莎白[②]整理、出版了尼采遗稿。然而，基于史料的实证研究表明，荒唐的尼采妹妹竟然为了使尼采的理论服务于她信奉的纳粹主义，肆意编辑、篡改尼采遗

① 贝尔哈特·福斯特（1843年—1889年）：德国反犹太主义者。福斯特称犹太人是“寄生在德国的寄生虫”。与尼采妹妹伊丽莎白结婚。据说，尼采因福斯特是反犹太主义者，拒绝出席他与妹妹的结婚典礼。福斯特后为建设纯雅利安人社会殖民巴拉圭，最终计划失败，于1889年服毒自尽。

② 伊丽莎白·尼采（1846年—1935年）：弗里德里希·尼采之妹。德国民族主义者、反犹太主义者。伊丽莎白曾经与哥哥十分亲近，却因与福斯特结婚而有所疏远。1894年成立尼采档案馆，1930年成为纳粹的支持者。

稿，以此作为尼采的思想，大肆宣扬。

让我们再回到这本书本身。《权力意志》彻底地反思既有的价值体系，尝试在此基础上建立新的价值原理——一种能够令我们的生活实现正向发展的价值理论。特别是在书后半部分的断章中，尼采在认识论及价值论方面提出了具有革新意义的深刻原理。

我可以保证，在这本书问世以后，要想从根本原理上探讨善恶或美丑等价值，就无法避开这本书不谈。《权力意志》就是一部如此有力的重要作品。

认识是与欲求相关的价值解释

尼采认识论的基本立场是，认识绝非主观对客观的描写，而是与欲求相关的价值解释。

“我们的认识结果，无非是以有用性为基准预先调整的结果。因此，对认识机制的认识本身也不过是一个调整后的结果而已。”

尼采这句话是在回应康德提出的认识论。

康德在《纯粹理性批判》中指出，人天生就具有共同的认识结构，这保证了认识的客观性。但是，在尼采看来，主观与客观相对的结构本身就是不成立的。人是借由与自己的欲求相关的“远近法”[①]

---

① 远近法：通过某一固定视角描绘物体位置关系的表现手法。此处是指尼采提出的认识原理。尼采认为，所有的认识对象是在“力”（欲求）的视点影响下，作为被解释的价值出现。虽然福柯及杜勒斯等后现代思想家认为这个观点是将有关“同一性”的哲学相对化了的观点，但是尼采本人并不是相对主义者。

来解释这个世界的。

举个例子来说，我们饥饿时，看到一碗盛得满满的饭，会觉得这碗饭很好吃。但是，如果我们已经很饱了，看到同样一碗饭反而会觉得很难吃。如果我们的认识能够准确地反映“事实”，那么就不会出现上述情况。同样一碗饭，应该什么时候看起来都是一样的。

探索主观如何能够正确地认识客观的“主客观一致”认识结构本身就是不成立的。人的认识结果是与欲求相关的价值判断。这就是尼采认识论的基本原理。

“真理”的源泉是对生的憎恨

在尼采看来，“真理”也是一个与欲求相关的、被解释的现象。

这一点可能有点不好理解。尼采想说的是，真理不是在某处客观存在着的价值，而是与我们的欲求相应地出现的。真理的条件是对现世生活的憎恨。

说起”真理”，我们一般都会有人生的终极意义、终极答案、世界真实状态、绝对理想之类的积极印象。但是尼采却认为，真理不过是人们在不主动创造理想价值和世界的情况下捏造出来的愿景而已。

“现实世界太苦了。”

“但是我们束手无措。”

“如果有一个真正的世界就好了……”

真理就是通过这样的步骤被编造出来的。

生存本身就是权力意志

生存的本质是什么呢？在尼采看来，是为了追求“更加有力”的力量。

说起“更加有力”，我们可能想起的是肌肉力量或政治力量，抑或是打倒对手的力量等等。实际上，尼采所说的力量是指追求能力、渴望成长的力量。包括人类在内的一切生物都具有这种力量并且相应地对世界进行解释。

因此，事物的“价值”也是从这个角度得到定义的。价值并不与客观事物同样地存在着，而是在能否扩大可能性范围的考评中浮现出来。

> “价值”是关于处于生成过程中的、相对而言生命仍在继续的复杂存在实现存续与上升的条件的观点。

这句话有些晦涩。举个例子来说，金钱之所以有价值，是因为它能够扩大人生的可能性。如果我们不能用钱进行消费，那么金钱本身就是没有价值的。就好像如果在无人岛上，那么哪怕有一亿也是没有意义的。金钱因其能够维持生存可能性、扩展可能性范围，对我们来说才有了价值。

肯定生存的原理

在尼采的思想中，客观本身、真理本身并不存在。真正存在的，只是与欲望相关的解释而已。那么问题就转化为怎么将使生存变得徒劳的价值解释、置换为令生存变得更好的解释。尼采关于客观或真理等既有价值观念的批判，就是为了解决这个问题所做的前期准备。

那么，尼采究竟在此基础上作出了怎样的回答呢？令人深感遗憾的是，书中并没有给出一个系统的答案。

但是，我们仍然可以从现存碎片中捕捉尼采构想的答案。其中，有两个要素十分重要，一个是“艺术”，另一个是“永劫回归”。

用艺术肯定生存

首先，让我们来看看艺术。

尼采认为，艺术能使我们超越虚无主义[①]与颓废态度、肯定生的意义与价值。艺术之所以具备这般功效，是因为艺术使我们陶醉于美，给我们的生活带来完整性与充实感。

> 艺术，只有艺术！艺术是使生成为可能的伟大创造者，是促使人们走向生的伟大诱惑者，也是生存的伟大催化剂。

尼采还说，认为“善与美是一致的”的人不适合当哲学家。还有，如果这个人还说“真理也是如此”，那我们就应该揍他。我们之所以拥有艺术，是为了不为真理所击垮。这个淋漓畅快的表达方式，极具尼采个人特色。

---

① 虚无主义：不承认真理及道德价值等客观存在的哲学观点。虚无主义（nihilism）中的nihil在拉丁语中的意思是虚无、空的。

以永劫回归的世界观肯定生存

接下来，让我们再来看看永劫回归。

你也许从未听过“永劫回归”，但是这却是个理解尼采思想时必须掌握的概念。尼采之所以提出永劫回归，是为了提出一种替代支撑既有价值体系的基督教世界观、能够使我们更好地肯定生存的新世界观。

基督教世界观认为，真正的生命是在经过“最后的审判”[①]、受到永恒祝福之后才开始的。现世只是暂时的生，是被否定的、需要忍受过去的阶段而已。

与此相对，在永劫回归的世界中，世界处于无限反复的圆环运动中，其中既没有终点，也没有所谓“救赎”。

在永劫回归的世界中，人不止一次地、无限反复地经历痛苦。一生中只要曾经感受过痛快、美、幸福等的话，这些体验也会无限重复。因此，无论是痛苦抑或是快乐，最终都是同样地被经历着。尼采认为，永劫回归中蕴藏着肯定生存的契机。

然而，永劫回归的世界观也只是一个“神圣物语”。既然不存在所谓“真正的世界”，那么永劫回归其实也只是一种解释而已。

不过，这个神圣故事仍然重要。尼采从中发现了深深肯定生存的可能性。

尼采因此情绪高昂地宣言道：

---

① 最后的审判：基督教教理。基督教主张，在世界尽头时，人会受到神的审判。那时，基督再临人世，审判生者与死者，善人上天堂，恶人下地狱。

“就算此生充满了苦恼与矛盾，我们也要对此表示肯定。以瞬间的幸福为食粮，肯定生本来的样态。这种‘酒神式的肯定’，就是我哲学的目标。”

深刻地肯定生存的思想

我们不必全盘接受尼采的思想。从其思想形成历程来看，我们也决不应这么做。但是我们确实可以从这本《权力意志》中，吸收尼采有关生存的深刻思考。

我们有时动不动就会想“这个世界真是充满了矛盾”“这不是我想要的人生”。但是像这样空想出一个“理想世界”，实际无益于拓宽自身可能性。正如克尔凯郭尔所说，我们最终都无法逃脱自己的生活、去过另一个人生。

那么，问题就成了我们应该如何看待现在的生活。唾弃人生地活下去，或者将理想照进现实、以更好的生活为目标地活下去，这两种态度是完全不同的。这是尼采使我们明白的道理。

《社会主义从空想到科学的发展》[①]
Socialism: Utopian and Scientific

弗里德里希·恩格斯

（Friedrich Engels，1820年—1895年）

马克思主义的全图

① 可参阅《社会主义从空想到科学的发展》（人民出版社 2015 年出版，中共中央马克思恩格斯列宁斯大林著作编译局译）。

“人类可调动的各种社会因素，将主要而且越发地能够带来人类期盼的结果。这就是人类从必然王国到自然王国的飞跃。”

近代社会的基本理念建立于人人平等地享受自由、追求对各自而言的“好”之上。黑格尔在《法哲学原理》中设想了以“人格的互相承认”为原理、通过市场经济体制的分工合作、人人都能自由地满足个人欲求的社会制度。

随着近代化进程发展，近代社会是否实现了当初的设计理念呢？这个问题的答案是否定的。贫富差距无限扩大，富者压榨贫者的社会结构根深蒂固、难以动摇。

近代社会是一个引发结构性社会矛盾的制度。马克思主义是历史上首个不依赖于现象、从概念上探明了近代社会症结所在的思想。

弗里德里希·恩格斯是马克思主义创始人卡尔·马克思[①]的亲

① 卡尔·马克思（1818年—1883年）：德国经济学家、哲学家、革命家。与恩格斯共同批判德国观念论与古典经济学，创立科学社会主义。马克思一生以革命家的身份投身国际社会主义运动。主要作品有《资本论》等。

密盟友。认真严谨而又具有正义感的恩格斯，为实现马克思主义的热情所驱动，在社会主义体制的框架设计上给予马克思指导，还积极回应来自他人的有关批判。

在本章节中我们将一起阅读的《社会主义从空想到科学的发展》成书于1880年，是恩格斯自其著作《反杜林论》[①]拔萃汇成的马克思主义入门手册。本书以不熟悉马克思主义的普通人（劳动者）为对象，文字平易，即使读者没有相关知识储备也能理解恩格斯的所思所想。如果只是想了解马克思主义世界观，那么这一部著作也就足够了。

辩证唯物主义

今时今日，说起社会主义，我们不免有一种社会主义就是马克思主义专利的感觉。实际上，在马克思主义诞生以前，社会主义思想就已经存在了。其代表思想家有欧文[②]、圣西门[③]及傅立叶[④]三人。

---

① 《反杜林论》：恩格斯批判柏林大学讲师、经济学家欧文·杜林的著作。杜林认为，资本家与劳动者之间的矛盾可以通过自由竞争得到调节，反对马克思的观点。

② 罗伯特·欧文（1771年—1858年）：英国社会运动家、社会思想家。欧文活跃于工业革命时期，指导工人运动、合作运动。他在《新社会观》中提出“性格形成原理”，提倡儿童教育、劳动者教育等。欧文还因其作为学前教育机构的创始人而闻名。

③ 昂利·圣西门（1760年—1825年）：法国社会思想家。以排除特权阶级、实业家执政的社会为理想。

④ 傅立叶（1772年—1837年）：法国社会思想家。主要著作有《关于四种运动和普遍命运的理论》。他设想出一种被称为“拉朗吉”的理想社会。

这三位思想家的社会主义思想与马克思主义的根本不同在于，前者是不具备现实基础的“空想”社会主义，而后者是“科学”的社会主义。那么，此处的“科学”到底意味着什么呢？其实也就是说，马克思主义在本质上是辩证唯物主义①的。

更加详细地说，辩证唯物主义的核心观点在于，物质也就是经济生活从根本上规定了意识。意识不决定经济体制的发展，而是经济体制决定了意识。

世界以物质为根本原理，按照固有法则发展。历史也是如此。恩格斯认为，只有能够正确地说明这一过程的马克思主义，才是唯一科学的世界观。

马克思主义历史观

历史发展遵循辩证唯物主义的规律。根据规律，阶级的形成、阶级之间的斗争都是必然发生的。历史以资产阶级②和无产阶级之间的阶级斗争③的形态向前发展。这就是马克思主义的基本历史观。

---

① 辩证唯物主义：兼具认为世界根本原理是物质而不是观念的唯物主义观点与认为自然是在规律支配下运动的辩证法观点的世界观。辩证唯物主义认为，认识是对物质发展过程的反映。

② 资产阶级：占有生产资料、雇佣劳动者进行生产、由此获利的阶级。

③ 阶级斗争：统治阶级与被统治阶级围绕政治权力展开的斗争。马克思主义认为，社会将以阶级斗争为根本动力，从独占生产资料的资本家支配的资本主义社会，走进由无产阶级支配的社会主义社会，最终走向不存在阶级对立的共产主义社会。

接下来，让我们按照顺序看看恩格斯是如何对此展开论述的吧。

（一）生产资料的“社会化”

在恩格斯看来，包括政治、法律、哲学及宗教在内的一切社会制度，都是在经济基础上成立的。这在马克思主义中被称为经济基础与上层建筑的关系。社会制度是与经济发展情况相适应的。生产方式发生变化时，就会引发革命。

但是，经济发展也有可能遭遇矛盾，不可能永远一帆风顺。马克思主义认为，克服矛盾就是革命的必要条件。

那么，此处的“矛盾”是指什么呢？其实也就是生产力与生产关系的“冲突”。

在进入资本主义社会以前的中世纪，劳动者占有诸如土地及农具等生产资料，劳动成果归劳动者所有。这就好像洛克在《政府论》中所说的那样，通过个人劳动获得的成果，都是属于劳动者个人的。

近代以后，资产阶级将这些生产力不高的生产资料汇聚起来，将其转化为巨大的生产力。恩格斯将之称为生产资料的“社会化”。

就这样，在近代时，资产阶级将资本主义式的生产资料导入生产活动。汇集数百人、有计划地分工、高效展开作业的工厂拔地而起，取代了家庭劳动。

（二）资本主义的矛盾

生产资料和生产制度就这样实现了社会化。但是，问题在于占有生产资料的资本家对劳动成果的压榨。恩格斯认为，这是资本主义的本质矛盾，也是无产阶级与资产阶级之间产生冲突的根本原因。

资本主义之所以会具有这样的本质矛盾，是因为“生产的无政府状态”。

中世纪时，生产数量取决于需求。劳动与劳动成果直接相关，不存在压榨。但是在资本主义体制下，商品的生产量并不取决于需求量，而是受到商品本身的法则影响。商品独立于生产者，商品法则支配生产。

换句话说，在资本主义体制下，我们既无法决定也不能预知应该生产多少商品、能卖出多少商品。这些都取决于市场需求及供求关系。

资产阶级内部也存在竞争。因此，市场规律促使占有生产资料的资本家不断改良生产资料（即机械）。恩格斯认为，资本主义的世界是只有占有最佳生产资料的资本家才能存活下来的、弱肉强食的冷酷世界。

改良的机械导致劳动过剩，引发失业，使劳动者陷入贫困之中。然而与此同时，财富却越发集中到资本家处。在资本逻辑的支配下，必然产生巨大的贫富差距。

（三）从“萧条”到“恐慌”，最终走向垄断与崩溃

这样一来，生产力的扩大与市场需求的扩大之间逐渐形成矛盾关系。恩格斯认为，“萧条”不外乎是这种矛盾关系的体现。

萧条反映出资产阶级不能完全管理生产力这一事实。在此情况下，生产者为了实现控制生产，将会独占资本、结成“托拉斯”①。

---

① 托拉斯：为了获取高额垄断利润，企业合并组成的垄断组织。

他们控制生产，将定好的价格强加给市场。但是，即便是托拉斯也无法躲过经济萧条，还会导致最终一个大企业占据国内产业的局面。

恩格斯认为，虽然在托拉斯的阶段，社会主义式的计划生产还具有优越性，但是到了某一个大企业独占国内产业的阶段时，就会出现对劳动者严苛的压榨。由于劳动者不会接受被严酷榨取，垄断体制最终也分崩离析。

不过，其实目前没有什么证据可以支持恩格斯的这个观点。即使压榨多么明了，垄断体制也未必会走向崩溃。事实上，历史上也没有出现过像恩格斯描绘的那样、垄断体制崩溃的先例。所以恩格斯的看法，与其说是原理性的分析，不如说是一种充满希望的前瞻。

（四）国家“灭绝”，进入“自由王国”阶段

为了解决恐慌、国有化产业，也不能调和生产力与生产关系之间的尖锐矛盾。毕竟近代国家也是为了维持资本主义基本条件、保护资产阶级利益设置的一种制度而已。恩格斯认为，国家是资产阶级的代表机构。

怎样才能消灭剥削和压榨呢？在恩格斯看来，这需要无产阶级占有生产资料。劳动者直接控制生产力，那么压榨也自然而然就不存在了。国家也会因此失去存在意义，走向灭亡。

> 国家不是被“废除”（abschaffen）了，而是“灭绝”（absterben）了。

社会为了控制生产资料，解决“生产的无政府状态”，将采取计划生产的方式。此时，人将不再被资本的逻辑玩弄于股掌之间。社会主义的发展取消了生存竞争，行动将永远都会带来预期的结果。

根据恩格斯所言，如果无产阶级能够占有生产资料，那么人类就会实现从资本逻辑支配的“必然王国”到“自由王国”的决定性跨越。

> 过去由于自然与历史的限制，人的社会性结合与人处于对立状态。今后，这将会成为人们的自由行为。

马克思主义世界观导论

至此，我们一起眺望了马克思主义历史观的基本图景。其中要点在于，贫富差距是资本主义必然的结果。

资本主义为什么会带来贫富差距呢？恩格斯认为，其原因在于资产阶级对无产阶级的压榨。引发压榨的结构就是矛盾的根本原因。

这种矛盾是资本主义固有的。即使在资本主义内部采取措施，也不可能从根本上解决问题。因此，人需要超越资本主义。恩格斯的设想在当时强烈地吸引了人们，促使人们进行社会变革。

但是，马克思主义世界观也不是绝对的“真理”。虽然马克思主义比黑格尔更加有说服力地描绘出了资本主义孕育矛盾的结构，但是黑格尔关于资本主义是人类欲望的必然产物的论断，也能使我们感到赞同。

虽然恩格斯批判黑格尔是“本末倒置”的观念论者，倘若我们能够结合恩格斯与黑格尔的观点进行思索，也许我们能够在更大程度上发挥两人思想的价值。

《时间与自由意志》[①]
Time and Free Will

亨利·柏格森

（Henri Bergson，1859年—1941年）

意识是一种“质”

① 可参阅《时间与自由意志》（商务印书馆2011年出版，吴士栋译）。

“自由地行动是指夺回自我、将自我置于纯粹绵延之中。”

我们可以“一秒、两秒、三秒……”地计量时间。然而，准确地计量时间却是一件难事。如果眼前有十本书，任谁来数都会是十本。但是，如果让人在心里默数十秒，结果就会因人而异。人无法像计数器一样，精确地卡住十秒。时间是在人的意识获得形态的一种“质”。

时间是有关时间的意识。柏格森在我们本章节中将一起阅读的《时间与自由意志》提出的观点，从本质上来说就是如此。柏格森认为，时间是一种意识。他在书中从意识是否和物品一样可被分割的问题出发展开思索。

柏格森是始自19世纪中期的哲学流派——生命哲学的代表人物之一。生命哲学并不是有关人生的哲学，而是一种不以概念或逻辑来把握生存状态、认为只有从“生命的深度”才能理解生存状态的哲学思潮。生命哲学批判唯理论及唯物主义，试图把握意识及生命的根源性状态。

在本书中，柏格森用“绵延”这个关键词来描绘意识的状态。他提出的意识是多样的、不断变化的涓流的观点，正是对现代社会造成的闭塞感的回应。

无法分割的感觉

柏格森反对唯理论由根本原理出发进行推论、描绘世界整体图景的立场。他认为，要想透视意识的本质，必须从观察意识的具体状态入手。基于此，柏格森对人所有的种种感觉展开了分析。

柏格森思想的要点在于，感觉是纯粹的“质”，而非能够被计量的“量”。

在柏格森看来，感觉不是像人们通常认为的那样——受到刺激而产生的。他批判认为刺激与感觉之间存在因果关系的费希纳①心理物理学②道：

“费希纳规定刺激的最小单位，以为感觉是刺激的最小单位叠加产生的。但是，刺激的最小单位本身就不存在。心理物理学认为感觉是最小单位结合所产生的、感觉成立于类似物理的因果关系之上的观点，是一种误解。”

---

① 古斯塔夫·费希纳（1801年—1887年）：德国的心理学家、物理学家、哲学家。在哲学上具有泛神论、泛心论的立场。

② 心理物理学：通过实验及计量导出身体与精神的关系的心理学分支学科。以从物理学的角度探明物理刺激及感觉的关系为目标。心理物理学是实验心理学的基础。

柏格森把握住了问题的关键。我们也可以依据日常生活的经验，反驳认为感觉产生于不断叠加的刺激之上的观点。举个例子，我们对热水温度的感受，并不是水还是39度的时候感觉冷、一升到40度就忽然感觉烫了的。一般情况下，我们都会感觉水的温度是逐渐升高的，也就是说，我们感受到的是质在强度上发生变化。

意识是“纯粹的绵延”

“纯粹的绵延”是柏格森独创的概念，指由多样的质构成的意识的状态。意识是纯粹的绵延，连续而无法分割，是各种要素“相互渗透”的结果。

说起相互渗透，其实就像是各色橡皮泥粘在一起、分不清界线一样。意识是相互渗透、变化多端的“流”。

此处的论述也许有些太过跳跃。柏格森其实是在说，时间是纯粹的绵延。换句话说，构成意识的多种细流就是时间本身。

如果像下面这样想，可能会更好理解。我们可以一小时、一分钟、一秒……无限地分割时间。无论如何分割，时间总会具有一定的长度。如果某一存在没有长度，那么就无法被分割。换句话说，无论多短，时间中都包含着多样的“质”。“质”相互渗透，缔造了时间。

柏格森认为，虽然道理如此，人的意识却几乎不曾有过纯粹绵延的状态。我们总是不知不觉地从“质”移开目光，错把由单位计量的时间当作真正的时间。

我们的错认当然是有原因的。如果用单位来计量时间，那么我们就能够共享时间、使生活更加方便。但是作为代价，我们失去了对意识的真正状态——纯粹的延绵的认识。

在柏格森看来，人在内心深处仍然在继续构成纯粹的延绵。只要人能重新注目于自身，集中精神，深入自我内部，就一定能捕捉到这样的动态。

有关自由

紧接着，柏格森从纯粹的绵延出发，探讨了“自由”。

你也许想问，绵延与自由又有什么关系呢？让我们通过凝结在玻璃窗上的水珠的例子，来理解两者的关系。

请想象，眼前有一块结露的玻璃。如果我们用手指触碰水珠，水珠会改变下滑的轨迹，水珠大小也会发生变化。我们无法用什么法则来总结水珠下滑的过程。

同样，纯粹的绵延也在无法把控的摇摆中不断改变姿态。柏格森称这种摇摆为“自由”。

在此基础上，柏格森认为，在纯粹的绵延中，人本身就是自由的。如果能够放弃从空间的延展上把握绵延，与相互渗透的意识状态化为一体，人就自然而然地获得自由了。柏格森说，这就好像艺术家在作品中完全地展现出构想一样。

正如艺术家进行创作一样，人的意识也不断地生成生动活泼的绵延意识。在这些创造、生成的瞬间，我们都是自由的。

但是柏格森也说，我们几乎不可能在这个意义上自由地行动。人在日常生活中的一举一动并非不断生成的绵延意识的产物，而是受到了既有观念、现象的引导。

醒悟的哲学

在某种意义上，我们可以认为本书中展现出的柏格森的观点是一种有关醒悟的哲学。

热衷于社交的我们往往忽略了意识的真正状态。要想重新认识意识，我们需要回到原点，直视内心，观察纯粹的绵延。如此，我们离真正的自由只有一步之遥——也就是将纯粹的延绵原原本本地付诸行动。柏格森的思考大概就是这样的。

那么，我们可以说柏格森的观点是本质性的吗？

柏格森关于感觉并非由刺激单位的结合而产生这一点的批判，确实值得褒赞。感觉是一种“质”的强度，而非量的积累的结果。我们的日常经验也可以佐证这一观点。柏格森是哲学史上首位注意到感觉是一种“质”的哲学家。

但是，柏格森提出的纯粹的绵延的概念，虽然乍看之下似乎很有说服力，但是这也不过是一种表象而已。柏格森并未能将之升华提炼到有关意识的根本原理的高度。

《实用主义》[①]
Pragmatism

威廉·詹姆斯

（William James，1842年—1910年）

有用即真理

① 可参阅《实用主义》（商务印书馆 2012 年出版，李步楼译）。

"各种学说不是使我们安心的答案，而是用于寻找答案的工具。"

在尼采抛出一切价值都是基于"力"（欲望）的认识论之后，近代以探究主观能否正确认识客观为主要任务的哲学发生了根本性的转变。

在19世纪末的美国，也出现了尝试改变近代哲学探索方向的哲学派别——实用主义哲学。

实用主义是由皮尔士[①]创建、经过詹姆斯发展后为杜威[②]所继承的哲学思想，对现代美国仍然发挥着影响力。在本章节中我们将一起阅读的《实用主义》，即是基于美国实用主义者詹姆斯的讲

① 查尔斯·桑德斯·皮尔士（1839年—1914年）：美国哲学家、逻辑学家。实用主义创始人。皮尔士在符号学、符号逻辑学等领域也有所建树。

② 约翰·杜威（1859年—1952年）：美国哲学家、教育学家。实用主义集大成者。杜威提出经验的连续性及相互作用的原理，建立了重视儿童生活经历的进步主义教育论。著有《学校与社会》《民主与教育》等。

义编成的著作。

说起实用主义，有人可能觉得就是“内涵浅薄的美国式实用主义”而已。但是，这也只是一种误解。实用主义是为了调解哲学及社会的对立冲突应运而生的，其背后有着深刻的根本原因。

梅南[①]在《形而上学俱乐部》中写道，实用主义哲学以美国南北战争为其时代背景。虽然一般认为南北战争是南北方因奴隶制产生利益冲突的结果，但是在梅南看来，南北战争的深层原因不如说是南北方意识形态的对立。詹姆斯正是在这样的环境中，试图以实用主义的思想，解决南北方之间的意识形态对抗。

实用真理观——有用即真理

如果要简单地概括实用主义的意义，那么就是它使“真理”概念发生了巨大转变。

我们在前面早已多次提到这一点——近代哲学的认识论认为，主观如果能够正确地认识客观，那么这个认识结果就是真实的。

然而，在实用主义看来，所谓真理不在于主观与客观是否一致。只有在关于客观的认识对人具有意义时，它才是真的。换句话说，有关客观的知识在引导人的生活走向更好的方向时，它才是真的；不能使人的生活有所改善的知识就不是真实的。

---

① 路易斯·梅南（1952年—　）：生于美国纽约，现任哈佛大学英文系教授、《纽约客》撰稿人。

这就是实用主义提倡的实用真理观。

举个例子来说，请想象眼前有一本厚厚的智能手机说明书。如果说明书中记载的事项要成为“真理”，需要具备怎样的条件呢？

最重要的条件就是，能使我们明白如何操作智能机。一读之后，我们能够获取一些之前不知道的或者忘了怎么用的某些功能。那么这些知识对我们来说，就是“真实”的。

那如果这本说明书介绍的是智能机的制造工艺呢？也许内容本身并无谬误，但是因为这些知识对我们来说没有什么意义，因此它们就不算是真的。

如果更加简单粗暴地说，实用主义的真理基准就是知识本身是否有用。有用就是真理，无用便非真理。

实用主义真理观意味着，真理并不是恒常不变的，真理取决于人在当时当地的关注点与目的等等。

假如智能机的制造工艺满足了世界上某个角落的某位爱好奇特的用户的好奇心，或者成为他的谈资，那么这个知识也可以是真的。

真理不止一个。真理不在于主客观相一致。真理与人的目的与兴趣相应地呈现出多种姿态。实用主义真理观使近代哲学认识论发生转变，试图重置真理的基准。

真理的主体间性

对每个人来说，能够肯定为真的事项极其有限。

即使有人说“月亮存在”，但是极少有人真的上过月球。那么，这是否意味着，月亮存在这一知识，只对极少数真正到过月球的人来说是真、对于其他人来说是假呢？有关月亮的认识结果是否就因人而异了呢？

詹姆斯认为，判断某一知识是否为真理，需要某个人具体地实际检证。用他的话来说，真理是凭借“信用组织”而存在的。换句话说，真理是在人和人相互确认的过程中成立的。

如此，真理最重要的条件就成了必须能够保证所有人都确认真理为真。

无论权威人物怎么说“月亮不存在”，只要人能够用望远镜确定月亮存在，那么不管其自身有无权威，月亮的存在都是真的。在詹姆斯看来，确保人们可以相互确认某一主张真伪，就是真理的条件。

实用主义的目的

按照梅南的说法，实用主义产生的目的是极为切实的。虽然有些人也认为实用主义支撑了宣扬利益至上的美国式价值观，但是这也只是其中一个侧面而已。

从认识论的发展脉络来看，认为真理只是“工具”的实用主义在当时是极为超前的思想。在与包括实用主义在内的19世纪下半叶至20世纪上半叶的哲学思想相形之下，认为真理是主观与客观相一致的真理观明显落后于时代。

《现象学的观念》①

The Idea of Phenomenology

埃德蒙德·胡塞尔

（Edmund Husserl，1859年—1938年）

探明认识问题的原理

① 可参阅《现象学的观念》（商务印书馆2016年出版，倪梁康译）。

“现象学是为了探明、而且是从本质上探明认识的可能性和价值判断的可能性等各种可能性的学问与方法。”

以探索“主客观一致”为主要任务的近代哲学认识论，在尼采之后实现了巨大转变。现代哲学中，既有认为“不存在绝对正确的认识”的怀抱相对主义态度的哲学家，也有像尼采这样提出以“权力”（欲望）为原理、从根本上变革了认识论的哲学家。其中，德国哲学家胡塞尔运用与尼采迥异的方法，也提出了崭新的哲学原理。

胡塞尔因其创建现象学而闻名于世。话说回来，现象学究竟是什么呢?

胡塞尔认为，现象学是一切学科的基础。现象学是寻找以自然科学代表的实证科学与讨论善及美为价值的人文学科的共同普遍的基础的学问。

在本章节中我们将一起阅读的《现象学的观念》，正如标题所言，是一部讨论现象学诸理念的著作。该作基于胡塞尔的课堂讲义编成。如果想要了解胡塞尔的问题意识、基本目的和现象学的意义等的话,《现象学的观念》是绝佳之选。

读哲学书籍时，我们时不时会遇见特别晦涩难懂的作品。而胡塞尔可以算是哲学史上数一数二难懂的哲学家。如果我们耐着性子追着读下去，就能把握作者的思想与意图的话，这当然是最理想的状况。然而，胡塞尔却属于让人怎么读都不看不到他的用意何在的人。不过，我们也不能因为难度大，就置他提出的优秀原理于不顾。

那么，让我们先从胡塞尔有关主客观一致的论述入手吧。

真的存在判断主客观一致的依据吗

简单来说，主客观一致的基本立场是，主观如果能够正确认识客观，那么主观得出的认识结果就是真的。假设我们眼前有一支笔，如果能够正确地看到这支笔，那么获得的关于这支笔的认识就是真的。同样，我们眼前有世界存在。如果我们能够正确地认识世界，那么关于世界的认识结果也是真的。

近代哲学之所以将主客观一致是否可能作为根本问题，其背后原因是基督教世界观逐渐丧失作为真理的权威性。也就是说，在神不能够保证绝对正确的世界观的前提下，近代哲学关注人的认识结构本身，试图解析人的认识机制。如果能够把握认识原理，就为人之间达成共识奠定了基础。这就是近代哲学认识论的目的所在。胡塞尔也基本上继承了近代哲学探索认识活动的目的和动机。

胡塞尔首先提出了下面这个问题：

“我们进行认识活动时，认识结果仅仅是在意识内部产生的主观产物。毕竟我们确实不能从自己的意识挣脱出来，直接认识客体。我们仍然知道，客体本身是存在着的。那么，这一切究竟是在怎样的认识机制展开的呢？”

有能够解决这个问题的方法吗？胡塞尔认为，有。他通过“悬置”①和“还原”②的概念讲述了他的方法。

把世界观“放在括号里”，“还原”到意识中

所谓“悬置”是说，我们需要先将世界本身客观地存在着的前提“悬置”起来。

人平时不会对世界的存在产生怀疑。世界本身好好地存在着，世界上的各种人事物和价值观念也都是存在着的。明天起床之后世界仍然存在，就算一睡不醒世界也依然继续运转。胡塞尔所说的悬置，就是让我们暂时停下这种坚定的信念。

但是，这究竟有什么意义呢？悬置其实是为了让人将任何人理性思考之后都不得不赞同的认识论选定为探索的出发点。

---

① 悬置：暂时将“世界存在，所以我看到了世界”等平时的想法、观点放在一旁的现象学方法。

② 还原：将“世界存在于眼前”的朴素信念悬置起来，切换到“我看到了世界如此存在着，所以我坚定地相信世界确实存在”的思考方式的现象学方法。胡塞尔认为，要想解开认识之“谜”，从根本上克服怀疑论，并且再次及出生重建有关意义与价值等的本质论，必须实践还原方法，转变态度。

你还记得笛卡尔在《谈谈方法》中提出的“怀疑方法”吗？哪怕对一切都产生怀疑，怀疑一切的自己的存在是毋庸置疑的。哲学必须从怀疑方法体现出的“我思故我在”，重新出发。这就是怀疑方法的根本目的。

胡塞尔也是基于笛卡尔的怀疑方法，提出了“悬置”的概念。

“我无论如何认识对象、无论认识客体本身实际存在与否，我得到了某种认识结果这一事实是毋庸置疑的。”

我们确实无法超脱主观，认识客体本身。但是，我们看到认识对象、我们的意识内部因此产生了某种知觉或判断的事实是不容怀疑的。

比如，我们有时会讨论幽灵是否存在。我们没办法逸出主观展开认识活动，因此也无法证明幽灵存在与否。对此，现象学将这么说。

“因为我感到了幽灵的气息，所以我确信幽灵是存在的。”

因为幽灵存在，所以我们能感觉到幽灵。或者说，因为幽灵不存在，所以我们看不到幽灵。如果胡塞尔听到了有人这么说，他会认为这种看法在哲学上来说是不彻底的。

现象学会这样看待这个问题。首先，我们需要将“幽灵存在与否”这个前提悬置起来，考虑我们有关幽灵的认识结果是怎样形成的，再从中抽出形成认识的结构与条件。

就这样，在悬置的基础上，反省形成于意识内部的知觉经验，考察关于认识对象的认识结果的形成条件。这就是胡塞尔所说的“还原”。

我们需要注意的是，胡塞尔提出的认识原理不仅仅局限于事物，还适用于对意义和价值的认识。他用“红色”的例子，对此进行说明。

假设我们眼前有红色颜料、红铅笔、红灯，等等，虽然颜色浓淡略有不同，但是在我们一般认为这些颜色都是红色。我们也有可能眼看着红色、心里怀疑这个颜色实际上是不是蓝色。但是在怀疑它实际是不是其他什么颜色之前，我们应该意识到我们看着这个颜色获得了一些“认识”这个事实本身是不容怀疑的。胡塞尔现象学的基本立场就是，我们全盘接受了产生于意识内部的某种认识。

基于普遍的认识论，探寻意义与价值

我们一般认为，主观与客观是预先存在的，世界本身也是存在着的。胡赛尔既不认为这种看法是错误的，也不是在说世界本身并不存在的。我们需要注意，胡塞尔所说的悬置只是暂时的行为。

那么，我们为什么有必要通过悬置及还原的方法、在意识内部观察认识机制呢？胡塞尔认为，通过确立更具普遍性的认识论原理，我们能够更深刻、更有力地探讨意义与价值等本质。

我们没必要一定使用现象学的方法去认识事物。除非有什么人生大变故，人一般不会怀疑眼前的笔或被子之类的事物是否真是存在。但是，如果要讨论对善与正义等的认识呢？在这个无神的时代，没有人能够像过去一样绝对地说“这就是正义”。那么，难道正义就不存在了吗？正义存在与否都无所谓了吗？

在这种情况下，现象学方法就会发挥效力。

现象学会这么想。首先，我们需要将“正义本身存在”这一前提悬置一旁。在此基础上，我们要在意识经验中叩问自己，在怎样的条件下形成了有关正义概念的认识。接着，我们需要向他人抛出自己对此作出的回答，在与他人共同的反思讨论中提升认识。从这个意义上来说，现象学是展开关于意义与价值的学问的基本方法。

现象学是为了探明，而且是从本质上探明认识的可能性和价值判断的可能性等各种可能性的学问与方法。

在胡塞尔看来，现象学不仅以探明人的认识机制为目的，它还成为更加深刻普遍地讨论意义和价值等的基础。悬置与还原就是为此提出的方法。

《纯粹现象学和现象学哲学的观念》①

Ideas Pertaining to a Pure Phenomenology and to a Phenomenological Philosophy

埃德蒙德·胡塞尔

（Edmund Husserl，1859年—1938年）

有关认识本质论断的现象学

① 可参阅《纯粹现象学和现象学哲学的观念》（中国人民大学出版社 2013 年出版，李幼蒸译）。

"我如今渐入老境，至少我自己是完全坚定地相信：我是一个完全的新人、在掌握方法原理之后才真正成为人的人。"

现象学重新思考近代哲学中的主客观一致问题，提出认识结果是形成于意识内部的某种坚定信念，展现出其有关认识本质的见解。我们在上一章节中读过的《现象学的观念》，就是一部反映现象学上述目的的著作。

在本章节中，我们将一起阅读胡塞尔另一部著作——《纯粹现象学和现象学哲学的观念》。这部作品呈现出的立场与观点基本上与《现象学的观念》一致。

倘若想要探讨意义或价值等的普遍本质，我们需要将客观世界的存在等等自然而然形成的思想和信念暂时悬置起来，反省形成于意识内部的知觉经验，考察认识结果的形成条件。"悬置"与"还原"，均是为了实践以上信念而被提出的方法。

然而，在《纯粹现象学和现象学哲学的观念》，胡塞尔基本上没有提及使用这些方法的目的。这本书更像是胡塞尔现象学的原理性示范操作。

在书中，胡塞尔悉心讲述他平时如何认识世界、认识是如何成立的等等。我们也可以一边阅读一边效仿胡塞尔，反思个人世界观是如何形成的，探索不同人的认识结构有何共性。

日常世界——自然态度总命题

人平时是如何“体验”着这个世界的呢？胡塞尔这么说：

> 我意识到有一个世界。对我来说，事物都明明白白地存在着。我能感觉到在认知对象周围存在客观，我也可以将注意力转向它们。此外，在明白显现的知觉领域周遭，还有包围着认知对象的背景。背景也被我隐隐感觉到的地平线圈住。
>
> 与此相同，世界也具有过去和未来等无限的时间“地平线”。这条地平线以“现在”为起点，可以分为清楚觉察到的部分和模糊意识到的部分，也就是清晰的现在前后和朦胧的未来与过去。我总是存在于这条无限延伸的地平线的起点。这个世界对我来说是同一的世界，我在与它的关联中生存着。
>
> 我认为这些认识也适用于他人。他人也有他人的世界，我坚定地相信那些世界与我的世界是同一世界的。

那么，胡塞尔的想法是否妥当呢？

比如，我可以将投向电脑的意识转向桌子。在我置意识于电脑上时，桌子就不吸引我的注意，而是停留在我的意识的背景之中。但是，如果现在我把意识转向桌子的话，电脑就退到了背景之中。我们十分肯定的是，桌子和电脑都为模糊地认识到的地平线——比如房间与房子、街道、地方机构、国家等所包围。

时间也是如此。我们不只有对“现在”的感觉，还有清晰的现在前后、朦胧的未来和过去等地平线存在。人对时间的意识是有“长度”的。

世界里不仅有自己，还有他人。我也十分肯定，家人、恋人、邻人、在学校和职场的熟人、陌生人……这些人也以与我同样的方式体验着世界。

我们的世界观确实是在胡塞尔所说的结构下形成的，而且我们以世界观为不可动摇的“事实”。这个“事实”确实会可能出错，即便如此，我们仍然肯定这个“事实”是真实存在的。胡塞尔将这种自然形成的对世界存在的肯定，称为“自然态度总命题”。

悬置与现象学还原

接下来，虽然略有些唐突，胡塞尔建议，我们应尝试从根本上改变上述自然态度。对此，胡塞尔基本上以与《现象学的观念》同样的方法，对此进行尝试。

> 我们不应流连于这样的自然态度，而应彻底地改变自然态

度。现在重要的是，我们应该确认这个改变在理论上是否可能。

在书中，胡塞尔仍然参考笛卡尔的“怀疑方法”，将对世界存在的朴素信念暂时“放入括号”悬置起来，还原一切认识至意识中。这样做的目的在于通过重新思索“自然态度总命题”、捕捉支撑自然态度总命题的条件和构造。

世界成像于肯定之中

在此基础上，胡塞尔内省自身意识，重新把握产生意识经验的结构。至于具体操作，其实与之前我们所看到的内容重复。胡塞尔在此也是以同样的方法转换态度。

由于世界这样存在着，所以我看到了这样的世界——这就是自然态度总命题，我们平时所看到的世界景象。

如果将此认识结果还原到意识中，就是——因为我看到了这样的世界，所以我十分肯定世界是这样存在着的。

还原的关键在于转换思考方式。如果你能够明白其中道理，就会发现还原其实是一个很简单的操作。

“停下‘世界本就客观存在’这个判断。不过，你也没必要否定世界的客观存在。不如这么思考吧——现在我看到的只是我的世界。我十分肯定世界是客观地存在着的。那么，让我来想想到底是什么条件使我如此肯定的呢……”

按照这个步骤重新思考，就是还原的目的所在。

生存真实性的根据

这种“转换”操作也许会使我们产生疑虑——我们现在所处的这个世界、这个客观世界实际上是否只是一个幻想而已？还有，如果这个世界只是幻想，那么我们的生存该不会是没有意义的吧？

从理论上来说，这个世界确实有可能只是幻想。正如电影《黑客帝国》一样，这个看似真实的世界可能是一个设计巧妙的假想空间而已。

我们之所以不会混淆现实与梦境，是因为某种难以动摇的根据背书了两者的区别。换句话说，如果这个保证现实真实性的根据消亡，我们就无法分辨出现实与梦境了。假设我们忽然间能腾空、飞翔，我们会不禁想“我在做梦吧”。

至于人的生存是否有意义，这和世界是否只是一个幻想完全是两个问题。我们之所以能感到真实地活着，是因为我们具有各种知觉及感情等难以动摇的根据，使我们相信我们真实活着。

的确，我们可以认为“这个世界也许只是一个幻想”，从根本上怀疑世界存在。但是，我们确实是清晰辨别现实与梦境，清楚地活着的。所以，对我们来说，与其沉湎于怀疑世界本身是否只是一个幻想，真正的问题在于如何度过充实满足的人生。

“自律”的思考

胡塞尔在其任何一部著作中，都不曾在现有哲学学说的基础上建立自己的理论体系。他总是从最初就在彻底地反省自身意识、探究认识结构。

胡塞尔坚定地相信，哲学终极根据在于“自律”的思考。他将自律升华为一种哲学方法。

也正是因此，胡塞尔在论述时显得有些冗长繁复。用比喻来说，如果说其他的哲学家是乘坐飞机日行千里，胡塞尔则是踩着石头过河一样徒步前行。

即便如此，我们也不必全盘接受胡塞尔的见解。我们可以反省自身意识，确认胡塞尔的观点是否妥当，接受能够认同的部分，修改不能认同的部分。这其实就是进行哲学探索的方法。

我们读哲学书籍时，总不免希望能够从中找到终极回答。我们很容易将经过时间洗礼的哲学经典奉为圭臬，将其绝对化。但是这种读书态度，实际上是抹杀了哲学的“灵魂”。一旦放弃自律思考的那一瞬间起，哲学就丧失了灵魂。

胡塞尔对于自律思考的见解，为我们展示了对待哲学的模范态度。

《普通语言学教程》①
Course in General Linguistics

费尔迪南·德·索绪尔

（Ferdinand de Saussure，1857年—1913年）

近代语言学的开山之作

① 可参阅《普通语言学教程》（商务印书馆2009年出版，高名凯译）。

"语言中只有差异。"

在本章节中我们将一起阅读的《普通语言学教程》，来自研究语言问题的语言学家索绪尔。

基本上可以认为，语言问题派生自认识问题。语言（主观）能否正确地表述客观？这就是语言问题的基本形式。

在语言问题中，也存在着与近代哲学的唯理论和经验论类似的对立观点。即，认为只要正确地使用语言就能正确地表述客观世界的观点，以及认为因为使用语言的方式决定语言意义，所以语言无法准确地表述客观世界的观点。在后面两个章节中将看到的维特根斯坦，就是处理这两种对立观点的代表人物。

索绪尔是近代语言学的鼻祖。他开创的语言学为列维－斯特劳斯等人的结构主义①打下了基础，深远地影响着现代哲学。

---

① 结构主义：研究使社会、文化现象得以成立的结构的思潮。列维－斯特劳斯将数学和语言结构运用至人类学，借以分析亲缘关系和神话结构，开创了结构主义人类学，极大程度上影响了人文社会科学。

然而，《普通语言学教程》既非索绪尔亲自撰写，还存在不能忠实地体现其思想的问题。本书编者既没有参与索绪尔的课程，而且据编者所说，索绪尔一结束课程就把讲义草稿撕碎扔掉了。编者是基于仅存的草稿和当时参加课程的学生的课堂笔记编撰此书的。

即便如此，《普通语言学教程》中总结的索绪尔思想，仍然具有一些划时代的闪光点。索绪尔批判主张语言与世界状态相对应的观点，指出语言是与我们的欲求及关注点相应造出的符号体系。接下来，就让我们一边回想平时如何使用语言一边阅读吧。

言语行为、语言、言语

一般认为，语言是一种生理性机制。正如人调动手足一般，人一般使用发声器官说话，再用耳朵聆听声音，理解声音中的含义。

然而，索绪尔没有从生理或者物理的角度来讨论语言。在他看来，语言的本质不在于声音。语言既是声音，也是一种观念；既是个人所言，也是一种社会制度。语言具有上述独特的性质。

基于此，索绪尔使用三个概念对语言进行考察，即“言语行为”“语言”“言语”。

- ◆ 言语行为（langage）：人的语言能力。
- ◆ 语言（langue）：如日语或法语等的语言体系。
- ◆ 言语（parole）：语言实践。

在索绪尔的观点中，三者之间的关联就是，人使用言语行为（语言能力）、通过作为社会制度的语言（体系）进行发言（语言实践）。

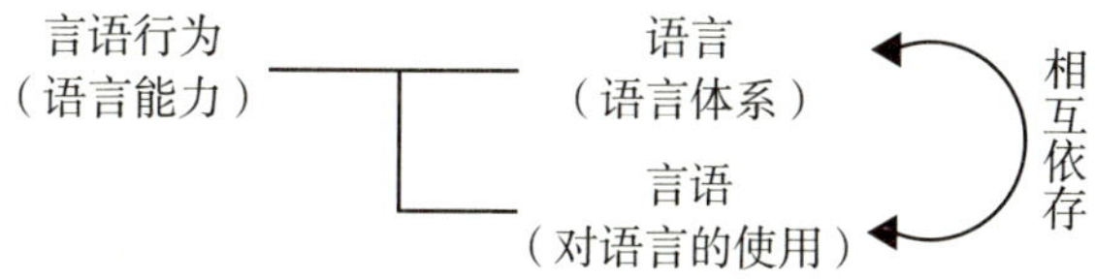

图4　索绪尔有关语言的三个概念

我们需要特别注意语言和言语这一组概念。索绪尔说："语言是属于同一社会的说话人共有的资源。语言虽然是一种社会制度，但它并不是实际存在于某处。实际出现的只有言语。语言是潜在的机制，言语使语言具体化。"

语言与言语相互依存。语言不是固定的制度，语言因言语而变化，言语在语言变化基础上也会发生变化。

这段话也许有些令人费解。简单来说，语言体系在每日无数的言语实践中发生变化，而言语实践也在语言体系变化的基础上再变化。之所以说语言与言语相互依存，是因为语言体系与其实践处于变动的关系中。

让我们通过一个身边的例子来理解吧。我们会定期修订辞典，删去几乎无人使用的词汇，添加使用率高、固定下来的新生词汇。语言体系本身绝非一成不变的。

与这种柔软可变动的语言观相对，还有另一种认为人们是在滥用语言的观点。比如，误用敬语之类违背日语使用"规范"的行为，就被称为是对日语的滥用、乱用。打开电视有时会看到一些长者感叹“最近的年轻人都不会好好说话”，这就是这种看法的体现。

但是，语言不是一种固定不变的秩序。语言和生物一样，在每日的实践活动中都会发生微小而实在的变化。认为语言和言语相互依存的语言观，反映出两者之间的动态关系。

也许有人会问“那么语言和言语哪个先产生的呢”。这个问题与“这个世界上先有鸡还是先有蛋”的问题在本质上是一致的，其实都只是表面问题而已。我们真正需要关注的是，两者之间存在关系的“结构”。

从这个角度来看，也许我们都能对指出语言处于动态之中的索绪尔表示认同吧。

共时态与历时态

语言与言语是语言学提出的第一组概念区分。索绪尔提出的第二组概念区分是“共时态”与“历时态”。

“共时”是指关注同一时间节点的语言状态，“历时”则是在讨论语言的历史演变。

索绪尔举了一个例子进行说明。首先，请想象眼前有郁金香或蒲公英等植物的一根根茎。如果我们想研究根茎结构，那么有两种方法。其中一种方法是垂直切开根茎、观察纵截面。还有一种方法是水平切开根茎、观察横截面。所谓“共时”就是前一种方法，而“历时”则是后一种方法。

也就是说，共时态是指在某一时间节点上的语言秩序，历时态是指语言秩序的历史演变。索绪尔认为，在考察语言结构时，我们必须对这两种视点加以区分。

原因何在呢？在索绪尔看来，根本原因在于研究者无法随意地暂停人的语言活动。只要人类社会还存在，言语（语言实践）就还在进行，语言就还会变化。因此，要研究语言，就不得不选定某一时间与地点、关注当时当地的状态。

首先从截面来观察结构，再观察结构的变化。索绪尔认为，语言学研究必须按照这两个步骤进行。

语言是具有差异的系统

索绪尔首先从共时的角度对谈论语言。

在索绪尔看来，语言首先是一个独立系统。虽然如此，也不是说各种要素作为组成单位事先存在于系统内部，我们可以一一提取收集要素，然后对之加以规定。为什么呢？因为“语言中只有差异”。构成语言的要素——词汇的“价值”（也即在系统中的位置）只有在与其他词汇的关系中才能得到确定。

比如说，“美丽”一词的价值，并不是只有这一个词是就可以确定的。“美丽”是在与“可爱”“漂亮”“丑”等其他词汇的相对关系中，才确定了其价值。假如我们翻开词典，其中“美丽”这个词一定在由其他词汇进行的说明中被定义的。倘若只说“美丽”就是“美丽”，并不算是有效的说明。

词汇的意义在与其他词汇的关系中得到确定。这就是“语言是具有差异的系统”表达的含义。

能指与所指

紧接着，索绪尔将目光集中于语言系统的要素——符号。

根据索绪尔的观点，符号由“能指”与“所指”两个部分构成。

“能指”是符号的声音及书写形式，“所指”是该符号本身的意义及概念。

再以“美丽”一词为例。“měi lì”的发音就是“能指”，与这个发音相对应的词义就是“所指”。此处所说的“发音”，其重要之处不在于实际发出的声音，即使我们没有读出声，只在脑海中想到了“měi lì”这个发音，它仍然是这个符号的“能指”。

要注意的是，并非“美丽”的所指事先客观存在，将它表现出来的“měi lì”就成了这个符号的能指。

符号是纯粹价值，是一种心理实体。符号并非对客观的描述，而是对欲言之事的表达。

符号的任意性

符号具有任意性①的特征。索绪尔以此为符号的“第一原则”。

任意性的含义是，特定的能指与特定的所指之间不存在内在关系。简单来说，两者之间不存在如自然界中的因果关系。

比如，“美丽”这一所指未必仅能为“měi lì”这一能指所体现。

---

① 任意性：指所指与能指之间不具有自然而然就被固定在一起的关系。换句话说，字形与声音不能表达符号代表的含义。

我们还可以将其与“beautiful”（英语）或者“schön”（德语）等能指联系起来。所指与能指并不是被捆绑起来的。

那么，符号为什么具有任意性呢？符号是在怎样的原理下运作的呢？

索绪尔认为，“思考最开始处在一片混沌中，没有秩序。我们对混沌进行分割，将能指与所指结合了起来”。

能指与所指的结合之所以是任意的，其根本理由就在于此。符号不是映照世界的镜子。索绪尔认为，并不是将被符号化的客观世界预先存在，符号是人进行分割、与人的欲求及关心相应形成的产物。

作为认识论的语言学

索绪尔在《普通语言学教程》得出的结论，可以拿来与尼采的认识论（索绪尔与尼采几乎是同时代的人）作一比较。尼采在《权力意志》中提出，人在力（欲求）的作用下对世界进行价值解释，认为客观世界预先存在的看法并不成立。

尼采的观点也许未必妥当，但是类似观点放在语言秩序上来说却很有说服力。正如索绪尔所言，语言秩序的确是以人的关注与欲求为根据的价值秩序。

虽然索绪尔与尼采之间没有什么交流，但是两人同样以主观欲求及关注点为定义和生成价值的根据。索绪尔以此从认识论的角度推动了语言学的发展。

《逻辑哲学论》[①]
Tractatus Logico-Philosophicu

路德维希·维特根斯坦

（Ludwig Wittgenstein，1889年—1951年）

我们能说些什么呢？

① 可参阅《逻辑哲学论》（商务印书馆 1996 年出版，贺绍甲译）。

“对不可说的，我们必须保持沉默。”

有句话说，语言就是我的世界。人的世界是概念的世界，随着经验不断积累，观念发生变化，对世界的认识也会改变。比如，对青年来说，“谎言”这个词意味着需要避免的恶行。但是随着青年逐渐成长，“谎言”就新增了为他人着想的色彩。人意识到有说谎的自由，或许这也是人们开始探究语言秩序与世界秩序的现实原因之一。

从这个角度上来说，在本章节中我们将一起阅读的维特根斯坦的《逻辑哲学论》，可以说是一部尝试从语言中彻底去除谎言的著作。

维特根斯坦在书中提出的基本观点是，语言与世界是严格对应的。虽然哲学迄今为止始终在探讨灵魂及神明等并不存在的事项，但是我们必须将之从一切哲学中撇除出去。对不可说的事项，必须保持沉默。我们可以从字里行间感受到维特根斯坦希望读者过上“好”的生活的热切心情。真诚地使用语言，就是真诚地对待世界。

让我们首先来认识一下维特根斯坦吧。

奥地利哲学家维特根斯坦是语言哲学[①]的第一人。语言哲学的主要课题是语言与世界的关系。在语言哲学发展初期，认为只要正确地（符合逻辑地）使用语言就能正确地表述世界的观点占据了主要地位。后来，逐渐出现了认为语言不是为了复写世界而存在、语言意义因使用方法而产生变化的观点。

实际上，维特根斯坦是同时提出这两种观点的人物。我们可以认为，他一个人就完成了康德和尼采两个人的任务。

维特根斯坦的思想可以大致分为前期与后期两个阶段。我们在本章节中将要一起阅读的《逻辑哲学论》是其前期代表作，下一章节的《哲学研究》则是其后期代表作。

语言与世界的对应关系

维特根斯坦在《逻辑哲学论》中的基本观点是，语言与世界应当具有对应关系。语言可以拆解为"命题"[②]这一基本要素，与此相应，世界也可以分解为各个"零件"。只要能够正确地组装零件，我们就制造出世界的模型。

---

① 语言哲学：与现象学及后现代思想并列、20 世纪最大的哲学流派之一。其特征在于关注语言，而非认识或社会。由弗雷格、罗素等人开创。语言哲学与实用主义哲学均为英美国家目前的主流哲学思想。

② 命题：通过语言表现出的判断。在逻辑学上是指可以判断真伪的内容。

维特根斯坦开宗明义地提出，世界是“事实”的总和，事实是由数个“事态”构成的。事态的状态决定事实，进而决定世界。

我们需要注意，事态与事态既是相互独立的，也是在与“对象”的结合中成立的。所谓对象，除了指“桌子”“电脑”等具体事物之外，还指“白”“冷”之类的性质。虽然把性质也归作对象也许会让人感到难以理解，但是维特根斯坦的观点确实是自洽的。

“逻辑形式”与“形象”

人怎样才能正确地记录与表述世界呢?

首先，必须要确定世界的单位。倘若无法确定世界的基本单位，人就无从准确地描绘世界。此外，世界的单位必须与语言的单位具有同型性，维特根斯坦称这种同型性为“逻辑形式”。

逻辑形式由对象在这个世界上的相关程度决定。比如，我们可以把“花”与“美”联系起来，却无法把“花”与“圆周率”结合起来。各个对象有其固有形式，不同对象通过共享形式联系起来。维特根斯坦把使用语言描绘出的联系称为“形象”。形象由命题构成。由于命题是对“事态”的描绘，因此可以判断其真伪。只有被判定为“真”的命题才具有“意义”。

比如，在“花很美”这一事态成立的情况下，命题“花很美”才具有意义。然而，由于花和圆周率这两个对象没有关联，“花是圆周率”这一事态并不成立，所以命题“花是圆周率”也不具备任何意义。

如果我们用图来展示语言与世界的对应关系，那么应该是这样的。

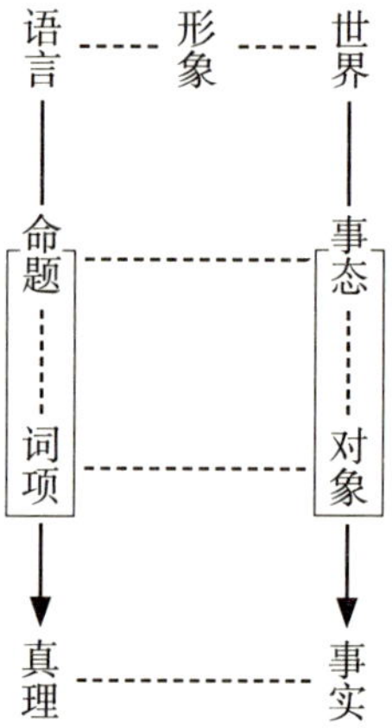

图5　语言与世界的对应关系

在开篇处，维特根斯坦就把世界分割为基本单位。世界由事实构成，事实又是事态的合集，事态是对象的合集。事态与对象就是世界的单位。其后，他关注为描绘世界而存在的语言，提出语言的基本单位为共享对象及逻辑形式的词项及基本命题，组合基本命题可以获得复合命题。就这样，他认为，语言可以成为世界的模型。

逻辑联结构成所有“可说”的命题

那么基本命题是如何构成复合命题的呢？其中的操作是“逻辑联结”。

逻辑联结是指使用“否定”“而且”“如果”等词汇，将基本命题联结起来的行为。比如，我们可以用“而且”联结基本命题“花是美的”及“苹果是红的”。经过这一操作后，我们会获得“花是美的，而且，苹果是红的”这个命题。

那么，只要逐个排查基本命题是否成立，不断对基本命题进行逻辑联结，我们就可以准确地记录与表述世界。

逻辑命题总是“真”

维特根斯坦指出，我们在利用逻辑联结的方法联结命题的过程中，使用了逻辑命题。也就是说，不论如何，逻辑命题总是真的，是重言式的。

> 逻辑命题是重言式。

所谓重言式，是如“夜雾就是夜里的雾”一般，与凭借经验事实判断真伪无关、仅仅反映逻辑必然性的命题。

逻辑命题是重言式，我们必须将其与基于经验事实判断真伪的命题区别开来。

那么，这又是为什么呢?

我们可以这么想。要想正确地记述世界，就必须将世界分解为事态，确定与之对应的基本命题。在此基础上，反复进行逻辑联结、将基本命题联系起来，那么人可以说尽所有“可说”的内容。

为了将语言与世界正确地对应起来，我们不仅要保证基本命题正确地描绘事态，还要对基本命题进行正确的逻辑联结。为此，逻辑命题必须在反复的逻辑操作中不发生变化，始终保持同义性。维特根斯坦认为，这样才能保证语言与世界的对应关系正确无误。①

唯我论的世界

连接命题的逻辑联结具有无限可能。

然而，维特根斯坦认为，作为经验主体的“我”只能在个人能够体验的范围之内，抽出对象、组合词项、生成基本命题。“我”触及不到的事物无法成为世界的“对象”，因此也无法将之以词项表达出来。

词项的组合方式有其套路。比如，“花”可以与“白”结合，却不能和“圆周率”结合。但是，如果“我”本来就不知道“花”是什么，那就更不必提将之与什么结合了。

因此，“我”的生命的内涵因对象及其配置方式而被固定下来。与“我”具有不同经验的他人不存在于在“我”的世界中。“我”在只有自己的世界中活着，在这个世界中没有他人。

维特根斯坦所说的世界，是一个他人不在、只有自己的唯我论的世界。

---

① 也就是说，虽然人不可能了解世界的全部，但是由于逻辑命题总是真的，可以认为逐个确认命题真伪是描绘世界整体图像的工作的一部分。

不可言说的伦理

在书的最后部分，维特根斯坦探讨了“伦理”。

世界由事实构成，事实由成立的事态构成，事态由基本命题表述出来。

基本命题由词项构成，词项与对象相对应。对象必须经过“我”的体验。因此，我有关对象的经验就划定了我世界的边界。

那么，伦理在语言上占据怎样的位置呢？伦理不以“就是这样”、而以“应该这样”的法则为基础，因此我们无法对其进行检证，所以伦理是不可说的。我们也因此无法回答“生存的问题”。

> 对不可说的，我们必须保持沉默。

语言是描绘世界的模型。模型需要建立在事实之上。假如我们以“要是这样就好啦”“应该要这样”之类为基础，语言就无法与世界严格对应，最终沦为扭曲的模型。要想构建准确的模型，就必须提防“应该这样”的命题混入其中语言之中。这也就是维特根斯坦要求保持沉默的原因。

维特根斯坦实际上是想以这一结论，批判在他之前的哲学。

他主张，世界与语言是一一对应的。语言可以被分解为命题，世界可以被分解为事实。在此基础上，只要检证命题是否成立、联结命题，语言就可以准确记述世界。反之，对于无法检证的事项，就必须将其从语言中撇除出去。

然而，在维特根斯坦之前的哲学，都在探讨诸如世界根本原理与真理等等无法直接验证的形而上学的内容。维特根斯坦认为人们应该停止这些“谈天”，给哲学本身画上了句号。

语言与世界真的对应吗？

在书中，维特根斯坦十分肯定自己已经解决了哲学的各种问题。之后，他离开哲学领域，担任中小学校的教师、园艺师和建筑家。

然而，在《逻辑哲学论》成书约十年后，维特根斯坦对语言与世界的对应关系又产生了疑问。

从理论上来说，认为语言是对世界的描写的基本立场并不成立。人可以对世界进行多种多样的解释。比如，“花是白的”这一命题包含“花不是蓝的”的意思，“桌子上有书”也包含“书下有桌子”。我们很难认为，语言与世界是一一对应的。

在意识到这些问题后，维特根斯坦从根本反思《逻辑哲学论》，开始重新思索语言问题。这就是维特根斯坦在《哲学研究》中将要处理的问题。

《哲学研究》[1]
Philosophical Investigations

路德维希·维特根斯坦

（Ludwig Wittgenstein，1889年—1951年）

语言的意义取决于“用法”

① 可参阅《哲学研究》（商务印书馆2000年出版，李步楼译）。

"'语言游戏'清楚表明，说话只是一项活动或生活形式的一部分。"

在本章节我们将一起阅读的《哲学研究》中，维特根斯坦彻底反思了他过去在《逻辑哲学论》中提出的认为语言与世界介由逻辑一一对应的语言观。经过重新思考之后，他认为，语言的意义取决于在"语言游戏"过程中的语言的"用法"。

"游戏"一词可能会令人有些困惑。维特根斯坦借游戏一词，表达了语言是基于规则开展的行为这一观点。语言并不是准确地表述世界的工具，而是语言游戏参与者之间的展开的活动。这就是《哲学研究》的基本态度。

语言会带来误解。有些情况下，我们无论如何努力都词不达意，或者无法确定对方是不是已经理解了我们的意图。词能达意，就意味着双方之间达成了统一认识。

我们常常以为，语言就是传递信息的媒介。正如数据通信的模式一般，我们将欲言之事化为语言，向对方表达出来。然而，

《哲学研究》反映出的语言游戏概念，能够促使我们的语言观发生巨大转变。

仅凭“基石”一词就能互通

首先，维特根斯坦举了一个最简单的语言游戏例子。

> 建筑工A在用石材盖房子。石材有基石、石柱、石板等多种款式。助手B需要按照A要求的顺序将石材递给A。为了达到这个目的，A与B会使用包含“基石”“石柱”“石板”等一系列词的语言。
>
> A喊出这些词，B递给A对应的石材。这就是原始的语言。

假设眼前有建筑工人正在工作。建筑师傅大喊“基石”时，助手就会把基石运过去。虽然师傅没有喊“助手！帮我把基石运过来”，助手还是能够明白师傅的意思，提供相应的石材。如果在师傅喊了“基石”之后，助手反而回应“没错。这就是基石”的话，则不能说这个助手理解了“基石”一词的含义。

我们指着基石说“这是基石”时，都明白眼前的物体正是基石。维特根斯坦称像这样直指施教的定义为“直指定义”。

“直指定义”似乎没有什么玄妙之处。但是，如果深入思索，我们就会发现直指定义其实并不像表面那么简单。直指定义只有在前提存在时才能成立。①为什么呢？因为我们可以对直指定义作出各种各样的解释。维特根斯坦说，“为了能对事物的名称进行提问，人必须先知道一些什么（或者能做到一些什么）”。

那么，直指定义的前提是什么呢？直指定义必然与对状况及关系的解释相伴而行。人无法在获得有关经验前就使用直指定义。也就是说，直指定义是在共同的经验结构的基础上才成立的。

人在语言上是一致的。此处的一致不是指观点上的一致，而是指生活形式上的一致。

只要我们具有同样的生活形式，那么直指定义在语言游戏中也是可能的。维特根斯坦认为，经验的类似性是人在语言游戏中达成一致的基础。

“范式”是语言游戏的工具

《逻辑哲学论》的前提是，客体先于经验，作为一种单纯的事物预先存在着。与此相对，《哲学研究》从世界不存在根本要素也不存在与之对应的语言的基本单位的观点出发，指出语言的

---

① 比如，假设有人说“这是笔”，如果我们起初不知道笔是什么，就不可能理解这句话。那么，我们是怎么知道这是笔的呢？维特根斯坦认为，我们是在语言游戏的行为中才知道了眼前的物体是笔。

要素是与观点相关的“范式”[①]（paradigm），范式是为了叙述而制造出来的工具。

> 当我们说出“R”这个词来命名它时，它可以作为第48节中的语言游戏的一个元素。这便使该物在我们的语言游戏中扮演了一个角色。命名就是一种叙述的手段。

命名不是记述对象。命名只是为了记述对象的方法或“工具”而已。

语言游戏的类似性

范式是语言游戏的工具，语言游戏是生活形式的一部分。人的生活形式虽然不会严格一致，但是仍然具有类似性，因此语言游戏也具有类似性。倘若我们能够将客体规定为世界绝对的单位，那么我们就能准确地区分“可说的”和“不可说的”内容（这也就是《逻辑哲学论》的目的所在）。然而，由于范式是在状况与经验中被规定的，因此不具备严格的同一性。所以，我们无法严格地划定语言游戏的界限。

维特根斯坦说，“我们之所以不知道界限何在，是因为本就没有分界线”。界限成立于经验之后，我们只能视语言情况及目的的情况确定语言游戏的界限。维特根斯坦说，“准确”也只在其语境

① 范式：指语言的意义不是事先确定的，而是从人共同的经验出发被造出的“工具”。

中才具有意义。语言准确与否，也取决于设置范式的目的、语言游戏的关注点。

> “不准确”是应该遭批判的，“准确”是应当受赞扬的。不准确的表述不像准确的表述一样实现其目的。因此，这里的问题就成了我们以什么为“目的”。我们没有精确到米地对地日距离进行表述，或者我们没有精确到0.001米地向木工表达要求，也能说是不准确吗？

比如，在学校课堂这一语言游戏的情境中，就算我们没有精确到米地描述地日距离，其实也无关紧要。但是如果是在发射宇宙飞船的语言游戏中，这种不准确的表述就会导致严重问题。

语言游戏是生活形式之一，其界限亦取决于生活经验与目的。因此，语言游戏的规则也并非预先确定的，而是在生活经验中被确立下来的。维特根斯坦用“习俗”①的概念对此进行表达：

> 遵从某种规则，进行某种报告，下达某项命令，下一盘棋，这都是习俗（习惯、制度）。

习俗的意义是，语言游戏的状态和规则都以人的生活状态为依据。维特根斯坦认为，生活形式的共通性就是语言游戏规则的根据。

---

① 习俗：采取相对主义立场的后现代思想认为，维特根斯坦的语言游戏论是一种主张语言游戏不过是偶然成立的习俗而已的观点。对主张不存在所谓意义和真理的绝对根据的相对主义来说，语言游戏是极为恰当有益的理论。

他人的“痛苦”

以《逻辑哲学论》的观点来看，因为“我”无法直接体验他人的苦楚，所以人无法理解诸如疼痛在内的他人感受。

《逻辑哲学论》认为世界与语言是一一对应的。构成语言基本单位“基本命题”的“词项”，与构成世界基本单位“事态”的“对象”相对应。只是维特根斯坦将“对象”限定在“我”能够直接体验的范围之内。

比如，基本命题“这台电脑是黑色的”，含有“电脑”“黑色”等词项。但是“电脑”“黑色”等“对象”之所以能够与那些词项对应起来，是因为“我”看到了“对象”并且确认了对象与词项之间存在的对应关系。然而，“我”的世界中并不存在他人的痛苦。《逻辑哲学论》呈现的世界，是他人不在的、唯我论的世界。

从语言是对世界的复写的观点来看，《逻辑哲学论》的见解是成立的。但是不得不承认的是，这与我们使用语言的实际情况相差甚远。

我们确实无法准确地了解他人的痛苦。正如柏格森在《时间与自由意志》所说，我们无法以某种单位来计量感觉。拿疼痛举例来说，我们不能说普通男性的一拳是50痛、职业拳击手的一拳是1000痛，这样计量疼痛。

即便如此，听到有人喊疼，看到有人表情痛苦时，我们会想“这个人正在遭受痛苦”。虽然不能直接体验，但是我们却确实能体会到他人的疼痛。

> 只有关于像人一样行动的存在，人才能说这个存在感觉到疼痛。

看到某人痛苦呻吟时，我们自然而然地就知道这个人正受痛苦折磨。此人的行为与我们自己痛苦时的姿态相同。维特根斯坦认为，同样为人就是我们理解他人痛苦的基础。

语言游戏是生活的一部分

《逻辑哲学论》将“可说的”内容限于可以直接检证的内容。对象与命题共有逻辑形式。只有能够确认事实与命题相一致的情况下，才能认为语言正确地表述了世界。但是，在《哲学研究》中，维特根斯坦以行为方式的一致的观点取代了旧观点。

经验并不严格一致。与各个语言游戏相应，经验也会有所不同。因此，语言游戏也不是严格一致的。

即便如此，维特根斯坦指出，只要我们具有共同的生活形式、一致的行为方式，那么我们就能互相理解。

不过，语言游戏的概念在某种意义上来说，其实是一把双刃剑。

在击溃主张语言是对世界的复写的语言观这一点上，语言游戏的理论可以与尼采的认识论相提并论。然而，但是正如尼采的“远近法”可以从相对主义的立场进行解释，像“语言中没有真理。有的只是语言游戏中‘偶尔’产生的一致”这样，语言游戏的概念也可以从这个角度解释。

维特根斯坦认为语言不反映真理的观点，确实是一大进步。但是，由于毕竟还有数学及自然科学等普遍共识成立的情况存在，所以认为仅仅存在偶然的一致的看法未必妥当。正如柏拉图在《斐德罗篇》所言，我们需要区分容易达成共识及不容易达成共识的事项。只有这样，我们才能克服偶尔的一致的观点。

认为仅仅存在偶然的一致的观点，使追求普遍性的哲学活动遭到了相对化。我们当前紧要的任务就是跨过相对主义的思想，探索达成普遍认识的条件。

《存在与时间》①
Being and Time

马丁·海德格尔

（Martin Heidegger，1889年—1976年）

存在主义的巅峰之作

① 可参阅《存在与时间》（商务印书馆2012年出版，陈嘉映、王庆节译）。

“为了清晰透彻地研究存在的意义，我们需要首先对某一存在者（现存者）的存在进行先行的、适当的探索。”

“存在”究竟是什么呢？

这是哲学一直以来探索的问题之一。海德格尔在《存在与时间》一书中，利用胡塞尔创始的现象学方法，尝试回答这个问题。可是，究竟应该怎么回答这个问题呢？

对此，海德格尔通过注目于存在的“意义”，以人对“存在”的“共同认识”为线索，借以探明存在的本质。

只要我们存在着，那么我们就应该具备某种关于自身存在的认识。所以我们有必要深入分析关于存在的认识，从中抽出概念。为此，我们首先应当着眼于能追问存在的、唯一的存在者——人的存在①，

---

① 存在：不断了解自身存在的人的存在状态。人不仅仅是单纯地存在着，而是为时时涌现的欲望及关心点所规定，与种种事物及他人发生关系，生存于此地此刻的“现场”之中。这就是海德格尔思想中的“存在”的意义。

以此梳理有关存在的问题。

海德格尔基于以上思路，使用现象学方法，审视人类的存在。

《存在与时间》是一部未完之作，在尚未抽出存在意义之处便戛然而止。但是，这并不意味着这是一部失败之作。恰恰相反，《存在与时间》可谓是存在主义哲学的经典之作。正如卢梭与黑格尔达到了近代社会原理论的顶点一般，海德格尔在本书中提出的存在论也成就了存在主义哲学的不朽巅峰。

世界之于我们——烦之相关性

和胡塞尔相同，海德格尔也首先关注人在这个世界上的一般生存状态。此处所说的“世界”①是指人身边的小世界。

海德格尔认为，我们是在不断与世界中的其他存在发生关涉地活着的。所谓关涉，就是指“书写”或“使用”等实践。

海德格尔称实践的根据为“烦”。在他的语境中，“烦”指的是关心或欲望等。在此基础上，他将与烦相应出现的存在称为“用具”。

“用具”一词总是让人联想笔或榔头之类的物品，但是海德格尔所说的用具的关键在于，它总是与我们的“烦”（关心、欲望）相应地出现。

---

① 世界：对人来说，世界是客观事物的合集之前，首先应是与时时涌现的关心及欲望（烦）相应而具有意义的实践性的现场。海德格尔在哲学史上首次提出这一观点。

假设眼前有一个杯子，对“口渴”之烦来说，杯子就是喝水的用具。但是这并不意味着杯子的用法是事先被确定下来的。如果想插花的话，杯子也可以当成花瓶用。就这样，海德格尔把世界规定为以烦为骨架、相互发生关联的地方。

我们平时也许觉得，周遭世界是一个物理世界。与此相对，海德格尔则认为世界是以烦为中心编成的价值秩序。

世界并不是自其伊始便具有客观意义的。对人来说，世界首先是一个在其中的人能够通过与自身关注点或欲望相应出现的“用具”、自由选择个人生存方式的领域。海德格尔的这个观点，无论是作为认识论抑或存在论来看，都具有划时代的意义。

死亡的本质直观

让我们再来看看海德格尔的另一个观点——死亡的本质直观吧。

“本质直观”是胡塞尔提倡的方法，指从意识经验中抽出某一事物的“意义”。

对人来说，死亡是什么呢？从学术角度思考这个问题时，我们往往会诉诸生物学或医学。比如说，死亡是生命活动崩坏、身体机能中止，等等。但是，海德格尔却从完全不同的角度思忖死亡。他问，“死”在人的“生”中意味着什么？“死”具有什么价值？

死这一完全的存在论概念，其界限为下述内容所规定。即，作为存在终结的死，是存在最为固有的、无关涉的、确定的、

无法定义的、不可逾越的可能性。作为存在终结的死亡，存在于向死的存在者的存在内部。

这段论述也许过于凝练，以至于无法直接从中提取出海德格斯死亡观。如果我们细细解读，就会发现其中包含以下内容。

◆ 存在的“终结”

人无法体验、了解作为“终结”的死亡。就算人终有一死，但是那时候人已经死了，所以也无法了解死亡。

◆ 无法逾越的可能性

死是一种观念。人只能在这个意义上体验死亡。死是观念，是人最后的可能性。

◆ 最为固有的可能性

死对人来说是固有的可能性。通过旁观死亡、出席葬礼等方式，人得以体验他人之死。但是无论如何分析他人之死，人也无法解明对其自身而言死亡意味着什么。因为可以体验的毕竟是他人之死。

◆ 无关涉的

当死亡成为问题时，存在就变得“毫无关涉”。与每日之烦相应出现的工具的关涉失去意义，死亡作为一种逼近的可能性袭来。

◆ 虽然不可定义，但为确定的

人平时总无视终有一死的事实。确实人会说“人终有一死”，但是这背后其实是在说“确实人都终有一死，但是死的不是我”。

这就是海德格尔对死亡的锐利解读，读来令人赞叹不绝。

向死的“先驱”

海德格尔之所以对死亡的意义进行本质直观，是因为他认为人可以通过清楚认识自身死亡的可能性、选择自然的生活方式。

死亡的观念使人焦虑不安。在日常生活中，应该没有人不为其忧虑惊扰。但是，只是想着“反正到头来都要死，人生是没有意义的”是毫无意义的。真正重要的是，我们应该直面死亡，不为之翻弄戏耍。

基于此，海德格尔指出，直视死亡焦虑，可以使人以本身固有的生存方式的可能性为目标生活。需要补充说明的是，海德格尔所说的“可能性”，是关于以最终在民族历史上代代相传的“善”为目标的可能性。

在意识到人生有限之时，人就会产生不能随波逐流、必须要按照目标好好活着的心情。你是否也能在一定程度上认同海德格尔所言呢？

有关人的深刻洞悉

人不是单纯地存在着而已。人在对与个人关心及欲望相应出现的可能性的选择中存在着。所谓可能性，既可能是克尔凯郭尔所说的“欺骗”——来自社会的普遍期待，也可能是由自身意志及价值基准所打开的可能性。基于此，海德格尔在书中用“烦”这一关键词描绘出世界状态，考察了“死亡”观念对于“生”而言所具有的意义。

在本章节中，我们未能详细介绍海德格尔的时间观。在最后部分，匆匆介绍其中要点如下。

人在一般情况下认为时间是包含过去、现在、未来的不可逆的时间流。未来会成为现在，现在又化为过去。未来还不存在，过去已不存在。未来总会来临，然后流向过去。但是，海德格尔认为，这种时间观只是派生的时间观而已。

时间并不是单纯的时间流。时间与我们对“生”的态度相应地、以不同姿态显现于此时此地。

虽然海德格尔的时间观存在一些问题，但是仍然瑕不掩瑜。其中包含着从根本上变革常识的强大力量。倘若你有兴趣，请你一定要读读原作。虽然海德格尔非常难懂，但是其作品绝对有挑战的意义和价值。

《形而上学导论》①
Introduction to Metaphysics

马丁·海德格尔

（Martin Heidegger，1889年—1976年）

海德格尔后期思想的入口

① 可参阅《形而上学导论》（商务印书馆 2015 年出版，王庆节译）。

“究竟为什么在者在而无反倒不在呢？”

海德格尔思想可以大致分为前期与后期两个阶段，前期代表作有《存在与时间》，后期有《哲学贡献》[①]。

海德格尔后期思想的特征在于，一改前期通过人的存在追问存在意义的态度，转向关注自古希腊至近代的哲学文本中的“存在”概念。由于相关文本数量巨大、意义晦涩，认为“虽然不明白但觉得一定很厉害”而奉之圭臬的人也不在少数。

我们将一起阅读的《形而上学导论》，是基于海德格尔在弗莱堡大学讲授“形而上学导论”时使用的课堂讲义编纂而成的著作。这一课程开设于执笔《哲学贡献》前年，其讲义中蕴藏着把握海德格尔后期思想的线索。

---

① 《哲学贡献》：可谓是海德格尔第二重要的著作。基于海德格尔执笔于 1936 年至 1938 年间的草稿编纂而成，于其百年诞辰问世。海德格尔特别要求在其所有讲义均付梓之后才能发表此书，因此研究海德格尔的学者都以此书为理解海德格斯思想的“奥义书”。

追问存在

桌子在，杯子在。对于存在着的事物（存在者），我们毫无疑问地能够将其表述出来。那么，为什么桌子、杯子等会存在呢？所谓“在”究竟意味着什么呢？

> 究竟为什么在者在而无反倒不在呢？这显然是所有问题中首要的问题。

海德格尔认为，对存在者的存在及其根据的追问、而非关于存在的问题，才是最为根本的问题。

从希腊语和希腊哲学出发

在海德格尔看来，要想切入存在问题，首先必须从语言入手。

他说，现代是“忘却存在”的时代。人只关注存在者，反而忘却了支撑存在者的“存在”。结果，人遗忘了存在与语言的关系，“在”这个词也因此变得艰深难懂。基于此，海德格尔关注“在”这一词汇，把握其自古希腊至今的嬗变。

《形而上学导论》的关键词有两个，“physis”和“alētheia”。

这两个词都是希腊语词汇。前者的意思是“发生”或“发现”，后者的意思是“非隐蔽性”。海德格尔试图理清这两个概念在古希腊哲学中的流转变化，以此探明存在的本质。

他认为，古希腊时，存在是“physis”。

“physis一词在后世被译为‘自然’。我们必须要摒弃这种译法。因为，physis的真正含义在于卓然自立，在对自身的掌控中存在者‘自然产生’。这意味着从隐蔽境界中破门而出，也就是alētheia。”

读来也许会感到一头雾水。海德格尔其实想说的是，存在是从隐蔽状态中显现出来。

这也是《形而上学导论》的主要思想。下文中还会出现“精纯”或“在场”之类的表达方式，这些词其实都一个意思，我们也无须为之困惑。

限制存在的四个条件

接下来，海德格尔列举了四个限制存在的条件——形成、表象、思及应当。

存在受到以上四个条件的制约，为其所包围。但是，实际上这四个条件并不是很重要，我们甚至可以认为，海德格尔只是在“故弄玄虚”。无论如何，还是让我们浏览一遍吧。

（一）存在与形成

存在与形成的区别是不言自明的。

存在意味着停止形成，存在是“独特的自足精纯的常住”。存在是停止流动、以固定状态存在。

（二）存在与现象

让我们来再看看存在与现象的不同。

现象像是海市蜃楼，表面存在，但是实际并不存在。但是，海德格尔认为，我们需要像古希腊人一样对此进行思考。

在古希腊，现象是将自身显现出来。在“显现”这一点上，过去与现在的认识是一致的。在这个意义上，现象就是存在。海德格尔独具特色地提出，柏拉图和智者学派没有将现象看作是单纯的假象。

柏拉图在《理想国》中提出过洞穴比喻。对生来一直看着映在洞壁的阴影的人来说，阴影就是真实。如果他们走出洞穴，也许就会意识到太阳才是真实的。海德格尔认为，柏拉图借此将存在与形象区分开来。

（三）存在与思

存在与思的区分，使对上面两组概念作出区分成为可能。因此，存在与思的区分优越于上述两组区分。海德格尔认为，这组概念区分是西方最为根本的立场，要想探明二者关系，不能依赖于思的学问——逻辑学进行辨析。因为正是逻辑学，使人丧失了对存在本质的“physis”及“alētheia”的认识。

（四）在与应当

最后，让我们来看看第四对概念——存在与应当吧。

海德格尔说，应当是“应当是这样”，而非是存在的“事实”。在应当以价值的形式出现，人开始说“价值存在”时，人也就陷入了极端混乱。其原因在于，人将“应当是这样”与“是这样”混为一谈。

在海德格尔看来，要探明有关存在的真理，只有以上四组概念区分是不够的。

这四组概念区分蕴含着海德格尔对西方在历史中误解、忘却存在的愤慨。他认为，从柏拉图到尼采的西方哲学本身就是忘却存在（忘却对有关存在的真理）的过程。

当然，这只是海德格尔的个人观点。海德格尔之前或之后，都没有人有过相同见解。除了几乎化为神秘思想的海德格尔后期思想的狂热粉丝以外，对此观点几乎无人问津。

海德格尔的后期思想，有些类似于中世纪经院哲学。虽然经院哲学的代表人物阿奎那留下了诸如《神学大全》等诸多著作，但是除了研究基督教哲学的专家学者以外，几乎没有人去触碰。海德格尔是20世纪的哲学家，目前海德格尔研究也十分活跃，但是我们很难判断他有多少作品能够流芳于数百年后。

存在是存在者显露时的“敞开”

让我们重新回到海德格尔的论述上吧。

在以上四组概念区分的基础上，海德格尔指出，存在是“在场”。“在”于何场呢？答案是在于作为现有存在的人的存在之内。

海德格尔在《存在与时间》中称人为现有存在。但是，他在后期对存在的理解发生了巨大的转变。

在《存在与时间》中，存在是指，活在与“烦”相应地和事物产生“关涉”的“此地此时”的人。然而，在《形而上学导论》中，海德格尔用“存在本质是存在者显露时的‘敞开’”的观点替代了过去的存在论立场。

> 人是在自身中敞开的“此”。“在”者就站在这个此中并进行活动。所以我们说，人的存在，就词的严格意义来说，就是“此在”。

如何评价《形而上学》导论

当然，《形而上学导论》只展现了海德格尔后期思想的一个部分。在完成《存在与时间》以后，海德格尔倾其一生研究存在问题。由于其著作甚多，现在难以把握其全体图像。有些人甚至认为正因为海德格尔的作品难懂，所以其中一定隐匿着巨大真理。

但是，海德格尔从希腊语语源入手的方法表面上看来似乎合理，实际如何呢？

我们非要从希腊语的存在开始思考吗？退一步来讲，也许从希腊语出发能够探明欧洲的存在问题，如果对象变为亚洲或南美洲，应当如何思考“存在”问题呢？难道说亚洲与南美洲的存在问题也起源自欧洲吗？海德格尔展露出的欧洲中心主义色彩未免太过浓厚。

我们在品读海德格尔后期文本时，应当怀抱不盲从海德格尔文字导向的强自律心，注意斟酌其方法论是否妥当。

现代之二

从梅洛-庞蒂到德里达

《行为的结构》①
Structure of Behavior

莫里斯·梅洛-庞蒂

（Maurice Merleau-Ponty，1908年—1961年）

行为的意义是什么？

① 可参阅《行为的结构》（商务印书馆 2010 年出版，杨大春、张尧均译）。

“行为本身就是意义。”

如果用一句话概括梅洛－庞蒂的功绩，那么就是——他通过胡塞尔创建的现象学方法，发展出了有关“身体”本质的论断。

人的身体具有独特的性质，这是不言自明的事实。身体既不像意识一样鲜明活泼地存在着，也不像事物一样出现在人的外部。

自认为上帝造人的信仰逐渐崩解的近代以来，追问意识与身体关系的“身心问题”应运而生。笛卡尔的身心二元论、斯宾诺莎的平行论、莱布尼茨的预定和谐论，都是对这一问题的回应。在我们本章节将一起阅读的《行为的结构》中，梅洛－庞蒂也处理了同样的问题。

意识和身体究竟是一体的，还是互相独立的呢？两者是无关的，还是互相影响的呢？梅洛－庞蒂在书中分析行为的结构，探究行为的原理，以此切入身心问题。

梅洛－庞蒂在书中提出的决定性观点是，不能只把人的行为看作单纯的身体动作。在他看来，人的行为的本质结构是超越“现在”、追求“可能”。从这个意义上来说，思考人的行为，与探索为什么人有时会努力追求理想有时又会放弃等问题是相通的。

接下来，让我们结合自身经历，一起来看看梅洛－庞蒂的理论是否妥当吧。

对反射理论的批判

梅洛－庞蒂首先指出，有关行为的古典学说主要是反射理论。反射理论主张，刺激与知觉存在因果关系。

刺激作为原因发挥效力，人对此作出反应，产生知觉。行为也同样由可分解为各个部分的因果序列构成。行为看似有特定目的，实际上不过是神经系统调配活动的结果。一切行为都可以从因果关系的角度得到解释。这就是反射理论的核心论点。

对此，梅洛－庞蒂表示反对。

“我们不能把反射过程分解为各个部分。事实上，我们甚至不能肯定刺激与反应的先后顺序。因为行为虽然是环境作用的结果，环境也是行为产生的结果。”

那么，应该怎么看待这个问题呢？

“行为是在身体周围的环境中，因‘运动意志’而发生的。因此，我们不能认为行动只是刺激与反应构成的因果序列的结果。以反射为行为基本要素的反射学说建立在错觉之上。”

基于此，梅洛－庞蒂将行为的结构分为以下三种：

◆ 混沌形式

- 可变动形式
- 象征形式

让我们逐个确认其中内涵吧。

混沌形式——行为的结构之一

混沌形式是指，行为受自然生存状态及生存条件限制，无法摆脱其影响。

梅洛–庞蒂以蚂蚁实验为例，对此进行论述。

如果因果关系左右行为，那么无论情况如何，蚂蚁都应该发生同样的行动。但是，被放在一根植物茎上的一只蚂蚁只有在白纸的大小、植物茎与地面的距离，植物茎的倾斜角度等达到一定要求的情况下，蚂蚁才会任由自己掉到白纸之上。

我们确实也没有见过返巢路上的蚂蚁直接冲进积水里。蚂蚁会选择围绕积水边缘，探索新的归途。

即使蚂蚁这样的低级动物的行为也不是与因果关系，而是与生存条件具有不可分离的关联。这种行为的结构被称为混沌形式。

可变动形式——行为的结构之二

可变动形式是以结构化的知觉经验为基础的行为方式。

在这个部分，梅洛–庞蒂使用鸡的实验进行论证。

首先，实验人员会训练鸡只吃具有浅灰色（灰色1）标识的饲料，而不吃深灰色（灰色2）标识的饲料。经过数百次的训练之后，实验人员会将灰色2换为比灰色1颜色更浅的灰色（灰色0）。

如果鸡是对颜色本身作出反应的，那么鸡应该像之前一样仍然吃灰色1的饲料，但是实际上鸡倾向于走向最浅的灰色0。

为什么呢？是因为鸡的色觉具备分辨浓淡的结构，鸡基于感知到的颜色采取行动。即便是鸡，也不是按照事先确定好的因果关系采取行动的。虽然受到“类的先天”①限制，可变动形式中总蕴含着形成新结构的可能性。

象征形式——行为的结构之三

象征形式是人类固有的行为结构。在这个部分中，梅洛－庞蒂举了打字员打字和钢琴家演奏的事例。

请回想使用电脑打字的经历。打字时，我们不是一边回想字母分布一边打字的。虽然最开始时，我们只能一边找键位一边慢慢打字，但是随着使用次数增加，我们会逐渐记住键位分布，开始能够盲打。这是因为，打字包含的一系列动作都参与到一个共同的结构中，打字这一行为被“结构化”了。

动物不能以自己为对象，摆脱先决条件的影响。但是人却可以回顾自身行为，相应地改变态度。比如，一开始弹琴也许总弹不好，但是练习之后总会更加熟练。打字也是一样。

有些人能够快速掌握技巧，有些人则进展较慢。但是真正重要的是，人可以意识到自身行动并且通过练习实现提升。

将行动看作一种“意义”、尝试改变行为——在梅洛－庞蒂看来，这就是对于人而言行为结构的本质所在。

---

① 类的先天：动物无法改变的先天结构。

行动就是存在

人的行动并不是为目前的世界秩序所限制的。否则，我们就不会为了演奏会而练习，为了比赛而接受训练。只有人才会为某个目标不断练习，以期提升。

对人来说，行动就是存在。也就是说，行动是人在现有条件下朝可能性前进的“谋划”。这就是《行为的结构》思想的最大支点。

思考人的行动

现代心理学在反射理论上取得的研究成果，质量远远胜于《行为的结构》中的相关论述。因此，也许我们无法全盘接受书中观点。但是，瑕不掩瑜，梅洛－庞蒂的见解不因此有丝毫逊色。

我们往往会从脑神经如何调动肌肉等角度理解人的行动。但是，人的行动不是单纯的身体动作，也不仅仅是刺激与反应的关系。

行动在具体情境中得到结构化。动物无法客观地把握行为结构并对之施加影响。但是，人却可以在当前行为结构的基础上以可能性为目标进行“谋划”，这就是对人而言的行为的本质。

可能性是希望，是梦。如果可能性是支撑身体的存在本质，那么“改变生存及社会的原理就在人之内”就不是虚言。让我们审视自身经验，从中抽出自身关注点和欲求使目前的行为方式发生变化的过程吧。

《知觉现象学》①
Phenomenology of Perception

莫里斯·梅洛-庞蒂

（Maurice Merleau-Ponty，1908年—1961年）

探索身体的"意义"

① 可参阅《知觉现象学》（商务印书馆2001年出版，姜志辉译）。

“我就是我的身体。”

我们在本章节中将一起阅读的《知觉现象学》从存在论角度出发，试图探明知觉是什么、身体是什么等问题。本书的主要目的并非从自然科学的角度分析身体与知觉，而是揭示知觉和身体等所具有的意义与结构。

自然科学给出的回答是“马后炮”式的。它没有回答人怎么活在知觉之中的问题。但这却是人必须解决的首要问题。因此，梅洛-庞蒂沿用胡塞尔开创的现象学方法，展开了相关探索。

从“图形”与“背景”的关系理解知觉

过去，我们曾读过梅洛-庞蒂在《行为的结构》中对从刺激与反应的因果关系解释行动的反射理论的批判。在《知觉现象学》中，梅洛-庞蒂还批判了同样从刺激与反应的角度解析知觉的生理学。

虽然认为知觉产生自刺激与反应之中的观点明朗易懂，但却无法解释某些知觉现象，比如视错觉。

穆勒－莱尔错觉是经典的视错觉案例之一。如图所示，虽然两根线条长度相同，但是箭头向内指的线条会比另一条看起来更长。

图6 穆勒－莱尔错觉

视错觉在向我们诉说着什么呢？其实就是人的知觉产生于固有的背景中，具有与客观秩序不同的固有结构。

对此，梅洛－庞蒂通过“图形”（感知对象）与“背景”（知觉领域）的结构描绘知觉的结构。

我们可以用“鲁宾的脸孔”来理解梅洛－庞蒂提出的这个结构。倘若我们注目于白色部分，就会看到一个花瓶；集中于黑色部分，就会看到相对的两张脸。随着视线转移，看到的对象发生变化，感知到的意义也会有所不同。如果只从刺激和反应的因果序列来把握知觉，就无法解释这样的知觉结构。

图7 鲁宾的脸孔

为什么失去了的肢体会痛？

知觉究竟是怎么产生的呢？梅洛-庞蒂在身体中找寻知觉的原理。身体不是被感知的客体，而是进行客体化的原理。

梅洛-庞蒂提到了“幻肢痛”——一个如果认为身体也是知觉对象便无法作出妥当说明的事例。幻肢痛是指，患者感到被截断的手臂或脚等肢体仍然存在的现象。

如果知觉产生于刺激与反应的因果序列中，那么将无法解释幻肢痛的现象。毕竟，产生刺激的肢体部分已经不存在了。

那么，为什么会有“幻肢痛”呢？梅洛-庞蒂认为，这是因为人是以各自的世界为目标存在着的存在。

> 我们之所以否认肢体的残缺和机能不全，是因为处在某个物质的和实际的世界中的我尽管有肢体的残缺和机能不全，仍继续走向其世界，并相应地在法律上不承认肢体的残缺和机能不全。

在此，梅洛-庞蒂将身体分为“习惯的身体”与“当前的身体”两个层次。产生幻肢的情况下，在当前的身体上缺失的部分，在习惯的身体上还存留着。

简单来说，当前的身体就是现在的身体，习惯的身体是在个人世界中“驻留”的、作为实现某项目标所必需的条件的身体。因此，习惯的身体不是一般意义上的身体。从这个意义看，对视力差的人而言，眼镜就是身体的一部分；对腿脚不方便的人来说，轮椅就是身体的一部分。

人的身体具有包含习惯的身体和当前的身体两个层次的双重性特征。梅洛－庞蒂将幻肢痛产生的原因归结为，当前的身体中缺失的肢体仍然存在于习惯的身体之中。

身体图式

身体与肉体不同。身体是一种存在状态。梅洛－庞蒂通过“身体图式”的概念对此进行了阐释。

几行文字无法说尽“身体图式”，让我们通过一个例子把握这个概念吧。

人走路时，不是组合手脚动作地行走，而是将走路作为其为一串儿动作执行。婴儿的身体图式还未成形，因此只能爬行。在不断练习的过程中，婴幼儿会逐渐掌握走路的方法，开始能够踉踉跄跄地前行。之所以会发生这样的变化，是因为婴幼儿的身体图式逐渐形成了。

人与动物不同，生来不具备身体图式。要养成身体图式，需要一定的时间。这听上去有些麻烦，但是实际上这种形成身体图式的可能性是使人充实生活的重要条件。

假设人生来就具备5秒跑100米的身体。那么，人还会为短跑这一运动倾倒吗？任谁跑都是100米5秒。这不再是运动，而是一个动作而已。

换句话说，形成的可能性意味着将“现有”的身体图式转换为

“可有”。这与前一章节《行为的结构》中提到的“象征形式”的理论是一致的。

“可有”可以转化为浪漫的目标。更新世界纪录就意味着实现超越人类现有界限的“梦想”。正因为运动实现了对“可有”的理想，人才会为运动而狂热。

而且，人平时不一定是因运动技能的精湛而感动。比如，儿童跑步绝不会比成年人快，运动技巧也未必优于成年人，但是参加学校举办的儿童运动会、看到孩子们的努力时，我们还是会为之深深感动。

其中原因，正是我们因孩子试图超越现在的奋力姿态有所感触。

身体化＝习惯化

让我们重新回到梅洛–庞蒂的论述。

人在身体图式之下，将世界看作一个“状况”，人在“状况”中活动。此处所说的“状态”不是“客观空间”，而是面对客体的存在能够触的“范围”。

我们需要注意，知道客体处于手杖可触及的范围之内，与知道手杖与对象之间的客观距离，这两者是不同的。

> 盲人的手杖对盲人来说不再是一个客体，不再被感知为一个手杖，手杖的尖端已经转变为感觉能力的一部分，增加了

（盲人）触觉活动的广度与范围，它成了视觉的同功能器。

如果行李架深处放着包，我想拿却又够不到时，这个行李架就在我的远处。但是，如果我踩在椅子上就能探到行李架深处，此时包对我来说就“变”近了，远近等都是为实存的活动范围所确定的。

无论是手杖还是椅子，人通过熟练掌握其使用方法，就能借这些物品拓展行动范围。在这种情况下，这些用具就起到拓宽人的身体的作用。梅洛－庞蒂称此为“身体化”。

说起身体，我们往往会将其限定为物理意义的身体。但是，身体的本质其实是实现可能性的条件。正如“代步车”一词所反映出的那样，车经过“身体化”后成了代替脚的移动方式。

杰出的身体理论

在《知觉现象学》中，梅洛－庞蒂没有将自然科学的观点作为前提。他深入挖掘人的知觉现象、身体现象，从中抽出其结构和意义，将身体描绘为朝向可能性前进的存在的条件。这在哲学史上还是首次。

即使自然科学能探明身体的物理结构，也无法说清身体之于人的意义。我们只能通过反思日常生活中使用身体的经验，获得对于身体意义的认识。梅洛－庞蒂彻底地调查分析、深刻反省日常生活中有关身体的经验，以此解明了身体结构的意义。

如果将他的理论应用到前文提到的运动的事例之上，我们就能理解孩提时期第一次成功支撑回环或双摇时的喜悦，以及因意外或衰老而身体机能逐渐衰退时的悲伤与懊恼。

这其中不是身体机能变化引发的生理上的悲欢，而是与实存能够触及的领域扩大或缩小相应产生的情绪。

《存在与虚无》①
Being and Nothingness

让–保罗·萨特

（Jean–Paul Sartre，1905年—1980年）

绝对自由的伦理学

① 可参阅《存在与虚无》（生活·读书·新知三联书店 2007 年出版，陈宣良等译）。

“人注定要受自由之苦。”

对人来说，“在”意味着什么呢？在本章节我们将一起阅读的《存在与虚无》中，萨特基于这个问题，批判胡塞尔现象学，以海德格尔的存在论为线索，提出了独具特色的存在论思想。

萨特在本书中通过思考存在，考察了人这一存在的“自由”问题。人注定要受自由之苦，人通过自由告知自己应该达成的目的。意识的绝对自由是人的存在的根本条件。这就是萨特的基本立场。

存在是被“显现”出来的

开卷之处，萨特对胡塞尔的现象学进行批判。其批判内容如下：

现象学提倡在意识内部思考一切，但是有些东西是无法被还原至意识之内的——存在。

胡塞尔认为存在是知觉的基础。但是，只要思考“不在”，

> 我们就会发现他的观点是错误的。因为，“存在的虚无”本身确实是存在的。因此，存在并非知觉的基础。存在就其本身来说是“在”的。
>
> 存在不因意识体验而在，意识不构成客体。因为存在要被感知，就必须先于知觉存在。认识只是显现出存在。

基于存在是被“显现”出来的这一见解，萨特接下来开始思考“虚无”。他认为，只有人才能将虚无带到这个世界上来。

萨特说，“我们通过虚化客体周遭背景来认识客体。当我们集中于客体时，其他事物都会湮没在背景之中。通过将虚无带入世界，我们对世界进行重新编排。虚无因人而‘被存在’”。

当我们盯着电脑或手机时，背景中的事物都好像不存在了。认识客体，就是将虚无放入客体周围的环境、突出客体的过程。

那么，给世界带来虚无的人是怎样的存在呢？这是萨特接下来讨论的问题。

自为的存在——“自由”地进行选择的存在

萨特认为，人在不断作出与自身存在有关的“选择”中存在着。作为选择的存在，人首先是自由的，人在对未来的不停追求中存在着。

人和物品不同，并不仅仅单纯地存在于某处。人是超越现在朝着目标前进的、往往能够自由地超越自身状态的存在。萨特称人的这种状态为“自为的存在”①。

① 自为的存在：“自为”是黑格尔的术语。此处指人作出选择、对自身采取某种态度的状态。

为他的存在——他者的“注视”

此外，萨特还认为，人不仅是自为的存在，还是“为他的存在”①。

萨特用“注视”这一关键词论述他者。他将“我”与他者的关系被归结为“注视与被注视”。

比如，当我们在人前出丑、感到羞耻时，就会意识到我们是为他人的目光所规定的。我们意识到自己是被作为一个对象被注视着的时候，迄今为止熟悉的世界也会发生改变，我们发现自己所具有的可能性始终会因他者的目光而动摇。

> 他人的注视作为我的对象性的必要条件，破坏了我所有的对象性。他人的注视通过世界向我袭来，不仅改变了我自身而且完全改变了世界。

萨特认为，人在认识对象时，通过虚化对象周遭突出对象。他人的注视之所以能够限制“我”的可能性，也是因为他者的视线是突出“我”的存在、将我转化为对象的视线。

作为自为存在的“我”，通过虚化认识事物，通过选择将自己对象化。但是对他人而言，情况则有所不同。他人的目光从世界另一侧来临，出现在“我”面前。“我”既无法否定，也无法虚化他人的目光。

---

① 为他的存在：萨特的术语。指作为自为存在的个人，对他者而言是以客体的身份出现的。

也就是说，他者的目光在超出“我”自身的范围中，对“我”进行肯定或否定，极大程度上改变“我”的世界。

假设你正在路上走着，想起一些有趣的事情，不禁失笑。转弯处忽然有人经过，用好像在说“这家伙想什么呢”的目光奇怪地看着面带笑容的你。此时，你应该会一扫愉悦心情，感到有些尴尬。在那一瞬间，之前一直熟悉的世界，突然就变了样子。

萨特所说的“注视”，就是具有如此效果的、来自他人的冷彻目光。

注定自由

让我们来总结一下萨特在本书中的观点吧。

人并不是像物品一样，单纯地存在于现有秩序中。人在先决环境中，从多种可能性中作出选择，以应有的秩序为目标，开拓人生。自由是支撑人这样的生存方式的根本条件。

人无法合理地解释拥有自由的原因。人是注定要受自由之苦的。其原因在于，人是以应有秩序为目标的存在。

人在过往的基础上，通过对未来应有的状态的选择，在此时此刻不断刷新自身存在。自由正是使选择成为可能的根本条件。

极端情况下的伦理学

无论处于怎样的状况下，人都是自由的。自由地进行选择，自行决定存在目的。萨特的观点是在《存在与虚无》执笔的时代环境——第二次世界大战高潮时期的影响下形成的。

萨特在第二次世界大战中为德军所俘。逃离战俘营之后，他参与了法国抵抗运动。本书中关于自由的论断，也是在极端状态下如何确保自由的问题意识驱动下完成的。

然而，哲学不允许在极端状态下思考伦理问题。哲学是追求普遍性的活动，它追问的应当是具有普遍性的伦理原理。这是有关极端情况下的自由的思考无法完成的任务。

《忧郁的热带》①
Tristes Tropiques

克洛德·列维–斯特劳斯

（Claude Lévi-Strauss，1908年—2009年）

文化人类学圣经

① 可参阅《忧郁的热带》（中国人民大学出版社 2009 年出版，王志明译）。

“我从中却只看不到人。”

在本章节中我们将一起阅读的《忧郁的热带》，来自法国文化人类学[①]家克洛德·列维-斯特劳斯。本书既是他于20世纪30年代在巴西展开田野调查时完成的游记，也是他的自传。

《忧郁的热带》在文化人类学和结构主义思想中都占据重要的地位之外，文学价值极高。法国龚古尔文学奖委员会甚至特地为它印刷了一份公报，表示为未将文学奖授予此书而深感遗憾。

《忧郁的热带》也确实具有引人入胜的魅力。基于对近二十年前的回忆却细腻到不可置信的描写、西方社会侵略“未开化的社会”[②]的暴力和对人类普遍性的坚定信念形成的鲜明对比，都会强烈地震撼读者的心。

---

① 文化人类学：与体质人类学并列的人类学领域，关注文化、语言及生活方式，以探明人类文化的普遍结构为目的。与之相对，体质人类学侧重于研究作为生物的人类，以解明人类进化过程为主要课题。

② 未开化的社会：文化不发达、技术水平低、社会结构简单的社会。有些人认为“未开化”一词太具西方中心主义色彩，以“无文字社会”代之。

“我讨厌旅行”

《忧郁的热带》以情绪激烈的几行文字开始：

> 我讨厌旅行，我恨旅行家。然而，现在我预备讲我自己的探险经历。话说回来，我是考虑了很长一段时间才终于决定这样做的。距离我最后一次离开巴西，已经过去了十五年，但是在这十五年中，我好几次都计划开始进行我目前正在做的工作，却又每一次都因为一种羞辱与厌恶之感投笔。每次我都自问：为什么要不厌其烦地把这些无足轻重的情境、这些没有什么重大意义的事件都详细地记录下来呢？

在列维-斯特劳斯看来，探险家与聆听其冒险谭的听众之间的关系，是一种以幻想为媒介、共同犯罪的关系。

探险家带来秘境的浪漫，人们则心甘情愿地接过幻想。列维-斯特劳斯认为，这是因为对人们来说，西方社会正将原本缤纷多彩的人性都粉刷为同一颜色的事实是难以承受之重。

人类走在通往文明开化的单行道上，无路可退。列维-斯特劳斯对此怀有一种近乎绝望的危机感。

成为民族学家之前

从高中至大学，列维-斯特劳斯都为马克思主义所倾倒。他进入巴黎大学法学院、学习哲学的同时，还积极参与社会活动。

列维－斯特劳斯这样讲述他被马克思主义吸引的过往经历：

> 对我来说，问题不在于知道马克思是否准确地预见了历史这样那样发展。马克思在卢梭之后，以决定性的方式使我明白，正如物理学并非从感官所能察觉到的内容出发构建其体系，社会科学的基础也不是建立在各类事象之上的。

卢梭在《论人类不平等的起源》一书中，采用与自然科学家同样的方法，提出关于人的状态和产生不平等的过程的假说。列维－斯特劳斯对此给予了积极评价。

对列维－斯特劳斯而言，社会科学不是以收集事实为目标的学问。社会科学的真正目的在于从事实入手、尽量抽出一般模型并以此解释事实。

卡都卫欧艺术与社会结构

列维－斯特劳斯在书中记述了卡都卫欧族、波洛洛族、南比克瓦拉族、吐比克瓦希普族的民族史。这四个民族是居住于巴西中西部马托格罗索州、南马托格罗索州的少数民族。

列维－斯特劳斯着眼于其艺术与社会结构的关系。我们乍一听可能觉得两者毫无关联，列维－斯特劳斯发现两者依照同样的法则实现了组织化。

首先，卡都卫欧村的艺术具有男女二元性的特征。男性雕刻，女性绘画。在女性艺术中，又可以进一步观察到二元性，其中一部分多具棱角，另一部分则多用曲线。这种二元对立结构在装饰花纹中被有规律地呈现出来。

同样的二元对立结构也见于波洛洛族的社会中。将波洛洛族的村落分布图与卡都卫欧族的村落的绘画对照来看，就会发现二者的组织化遵循同样原则。正如卡都卫欧族的绘画花样纹路都采用等分和隔断的手法铺陈开来，波洛洛族的社会组织也是在合作与分割的原则下实现发展的。

那么，为什么二者会具备上述共同点呢？列维-斯特劳斯并没有给出答案。但是他从整体结构入手分析、发现两者一致，已经是极为天才的洞见。

南比克瓦拉族的社会结构

接着，列维-斯特劳斯考察了南比克瓦拉族的权力结构和社会结构的关系。

据列维-斯特劳斯观察，南比克瓦拉族的社会结构极具流动性。社群一旦形成，马上就会解体。那么，其中是怎样的结构在发生变化的呢？列维-斯特劳斯对此作出了解释。

首先，在初期阶段，以首长数人为中心的团体形成。在选举首长时，不仅要尊重选举人的期望，还要顺遂被选举人的意愿。在此，个人威望和同意就构成了权力根基。首长对于超出同意范围的事务不具备任何权限。

首长若想维持权力，就必须展现出慷慨气魄。人们知道首长拥有富余的食粮、工具和武器，也期待来自首长的馈赠。首长如果违背人们的期待，就有丧失权力的危险。

此外，南比克瓦拉族的首长享有一夫多妻的特权。

一般认为，一夫多妻制是对女性的压迫和男性优势感等社会"落后"的体现。但是，在列维-斯特劳斯看来，这种看法过于片面。他认为，与其他要素毫无关联的习俗是不存在的。因此，要想正确地评价某一习俗，必须将其还原至一个结构中进行解释。

南比克瓦拉族之所以需要一夫多妻制，是有相应的合理原因的。只抓住其中一个侧面就大肆批判，显然是有问题的。

社会的根据在于契约或同意

我们在前文提到了列维-斯特劳斯积极评价卢梭之处。也就是说，社会科学不是简单的数据调查。问题的关键在于要对结构进行分析，数据不过是以此为目的的材料而已。

在此前提下，列维-斯特劳斯援引南比克瓦拉族的事例，提出了社会存在的根据在于契约或同意这一接近社会契约论的观点：

> 卢梭和其同时代的人意识到像"契约"与"同意"等态度或文化要素并不是他们的论敌，特别是休谟主张的那样，是次级的发明创造，说明他们具有超乎常人的社会学本能。"契约"与"同意"正好是社会生活的基本原料，无法想象能有任何一种缺少这些要素的政治组织形式存在。

无论是强制性的或是自发的，如果没有"我是首长""是的，你是首长"的相互认识存在，那么社会就不会成立。人不会结群，只会单独生存。社会契约是只有从这个角度出发，才能获得正确评价的概念。换句话说，“无法对社会契约存在与否展开实证调查”一说其实是无稽之谈，列维－斯特劳斯认为必须从社会结构形成的角度来理解社会契约。

对人类普遍性的坚定信念

列维－斯特劳斯在字里行间主张鲜明地表示，西方社会基于自身价值基准贬低其他社会为“未开化的社会”并对其展开暴力侵略的行为是不当的。

但是，列维－斯特劳斯并没有为了对抗其暴力性，就矫枉过正地将所谓“未开化的社会”视为理想状态。

我们常常会在网上或书店看到这样的观点吧。“当前世界的诸种危机反映出西方社会已经到了穷途末路，此时正是回归东洋理想之时。”或者，“物质主义的西方哲学丧失了关注对人来说最为重要的灵魂的基本态度，现在必须重新投回日本传统思想的怀抱”。

列维－斯特劳斯的著作之所以能够成为经典，就是因为他没有陷入这种困境、始终怀抱对于人类普遍性的坚定信念。在他的根本观点中，“未开化的社会”也具有其独自的社会结构，在这一点上“未开化的社会”与西方社会没有差异。从哲学的角度来看列维－斯特劳斯对人类普遍性的确信，意味深长。

《色情》[①]
Erotism

乔治·巴塔耶

（Georges Bataille，1897年—1962年）

有关色情本质的论断

① 可参阅《色情》（南京大学出版社2019年出版，张璐译）。

“色情的本质在于性的愉悦与禁忌错综复杂的结合之中。”

《色情》是法国哲学家乔治·巴塔耶的代表作。

本书的主题是色情的本质及意义。对人来说，色情意味着什么？人类的性与动物的性有何不同？色情与“美”具有怎样的关系？这些就是巴塔耶在书中探讨的问题。

巴塔耶是哲学史上首位积极地探讨色情的哲学家。在《色情》中，他基于弗洛伊德与尼采的思想、宗教学与人类学的见解，将色情描绘为对人而言本质性的存在。

你也许会对色情与哲学的结合感到意外。然而，本书中其实充满了能够从更加普遍的角度谈论人的存在的根本洞察。虽然色情在哲学上几乎无人触碰，但仍然是一个值得真诚研究的主题。

色情是人类固有的

巴塔耶认为，色情是人类固有的，不见诸动物。色情与动物性的、本能的生殖活动在本质上是不同。

动物只是为了生殖而交配，只有人类才有性爱。虽然人类的性爱从生物学的角度来看与动物交配具有共通点，但是两者的意义与价值具有本质性差异。

简单来说，人不是如动物发情一般燃起情欲。色情绝不是一触即发的。

“僭越”禁忌

那么，人的色情需要什么条件呢？在巴塔耶看来，人类社会从本质上来说是“劳动”社会，需要设置规则进行约束。

为实现劳动的集约化、组织化，集团内部必须形成一定规章制度。确定劳动时间和领导系统，分工作业。参与其中的个体只要遵守规章制度就能获得报酬，反之，则会受到制裁。色情就萌发自“僭越”禁止规定之际。

僭越的行为并没有使禁令本身消亡，只是暂时地解除了禁令。僭越禁令之后，为了再度享受僭越之乐，人反而会维持禁令。从这个意义上来看，“禁忌就是为被僭越而存在的”。

基于巴塔耶的观点，在“通奸”中似乎可以嗅到色情的气味。

- 对婚姻制度的暂时僭越
- 对自我价值下跌的不安

通奸以合法婚姻为前提。已婚者在婚姻关系之外、在配偶不知情的情况下与他人发生性关系的行为，就是通奸。如果不存在婚姻关系，双方只是同居而已，那么这也只算出轨而不算通奸。

通奸一旦败露，将对社会造成恶劣的影响。通奸者既可能被配偶索取高额赔偿金，也可能在职场上遭受流言蜚语的攻击。

正因为通奸是在不安中暂时僭越社会规则的游戏，其中才有色情的回响。

僭越女性之“美”

女性如何成为男性欲望的对象的呢?

巴塔耶解释道。女性按照其魅力值，相应地成为男性侵犯、欲望的对象。女性的妆容体现出其自身对“美”的关注，使他人感到该女性是有价值的对象。妆容提升了禁忌对象的价值和魅力，激起了侵犯欲。

那么，到底是什么将被侵犯呢?答案是女性之“美”。

“对我们而言，美是使我们预感到目前为止秘而不宣之内容的价值。美丽的脸庞及衣装正是因会遭受侵犯和玷污，才具有意义。我们并不是在追求美本身，而是在追求通过侵犯美而感受到的色情之乐。”

巴塔耶的主张十分激进。但是，其中也有我们能够认同的部分。这些话也的确淋漓尽致地反映出，女性之美对男性而言具有色情一面。

女性的裸体本身并不能使男性感到色情。只有在女性将其裸体视为不可侵犯的至高存在，却又仅仅将之袒露于某一男性前时，男性才会感到色情。这种“欲拒还迎”的态度正是唤起色情的重要因素。

有关色情本质的论断

色情的本质是对禁忌的僭越。我们之所以会对异性燃起情欲，正是因为对方是我们禁止触犯的对象。人之所以渴求美，也是因为侵犯、玷污美使人预感到的价值会带来欢愉与喜悦。

> 丑陋意味着无法玷污，色情的本质又在于玷污，因此美是最为重要的。意味着禁忌的人性在色情中被僭越。人性遭受侵犯、亵渎、玷污。美之程度越甚，那么玷污的行为也就越深刻。

对于男性来说，也许能够接受巴塔耶思想的某些部分。女性的裸体之所以具有魅力，是因为女性的裸体使人感到这裸体在日常生活中是被禁止僭越的至高存在。触犯至高存在的瞬间就成了色情的核心。相信能够对此表示赞同的男性不在少数。

然而，对于女性来说，巴塔耶的思想可能显得难以理解。与男性群体相比，女性内部对巴塔耶的态度存在较大差距。既有认同巴塔耶主张的人，也有几乎无法接受的人。

女性在怎样的条件下会感到色情呢？是在被男性僭越的情况下

吗？还是说和男性同样，都是在僭越中才能体会到色情吗？僭越禁忌的本质条件到底是什么呢？

说到底，巴塔耶也只是一个男人。要形成有关色情本质的认识，女性的见解也不可或缺。然而，与性别研究领域相比，目前几乎不见女性研究者的色情研究。就让我们寄希望于未来吧。

《人的境况》[1]
The Human Condition

汉娜·阿伦特

（Hannah Arendt，1906年—1975年）

对近代社会——劳动社会的批判

① 可参阅《人的境况》（上海人民出版社 2009 年出版，王寅丽译）。

"人自达尔文以来，就希求并且也实际正在退化到自己想象中的祖先所属的物种。"

谈起指出近代社会的现状与当初设计理念之间存在矛盾的思潮，首先不得不提的就是马克思主义。马克思主义指出近代社会的框架——资本主义是孕育贫富差距的结构，并寄同时实现自由与平等的希望于共产主义社会。

汉娜·阿伦特则从与马克思主义不同的视角出发，对近代社会展开了批判。她从"劳动""工作"及"行动"三个方面规定了人的条件，在此基础上批判近代社会。

阿伦特批判的重点在于，近代社会以"劳动社会"的形式发展，压抑了"工作"及"行动"这两个使人成为自由存在的必要条件。

毫无疑问，阿伦特是最为优秀的政治学家之一。她在本章节中我们将一起阅读的《人的境况》中展开的构想也是本质性的。但是，以德语为母语的阿伦特使用英语写成的本书[①]，绝非易读之作。让我们摘取其中重要部分，一起确认阿伦特的核心论点吧。

人的三个条件：劳动、工作、行动

正如前文所述，在阿伦特看来，人具有三个条件，即劳动（labor）、工作（work）及行动（action）。

劳动是维持生存的活动。人之所以劳动，是为了生产出维系生存所需的物品。

工作与人的“非自然性”有关。我们一般认为工作就是劳动，但是阿伦特语境中的工作，是指制作活动（建造、工艺）。艺术作品的英文为“work of art”，阿伦特所用的工作也是此意。

行动与人的“复数性”有关。行动指人在公共空间发表的言论，是政治的条件。阿伦特认为，人的自由就在于行动。

劳动——因“必然性”遭受奴役

首先，让我们来看看“劳动”的含义。

阿伦特认为，劳动的本质是人因“必然性”[②]而被“奴隶化”。

> 劳动意味着被必然性所奴役，而这种奴役内在于人类生活

---

① 1933年，在纳粹主宰德国政权时，犹太人阿伦特由德国逃亡至法国，法国败北后又逃亡至美国，在美国正式开始文笔活动。“本书”即《人的境况》也是在阿伦特渡美之后写成的。

② 必然性：又译作“必需性”。指人为了维系生存，必须满足最低限度的衣食住需求。

条件中。因为人受到生命必需品的统治，他们就只能通过统治那些由于被迫而服从必然性的人，来赢得他们的自由。

人为了维系生存，需要满足种种条件。不饮水吃饭，人就会饥渴而死。人类在历史上学会狩猎采集，也是为了满足必然性的要求。

然而，近代以后，情况发生巨大变化。劳动工具在极大程度地得到改良，“机械”问世。

随着机械登场，人不再需要自己辛苦劳作。阿伦特认为，这也许起初听像是好事，实际上却并非如此。劳动不再痛苦，人也就无法从中切实地体会到人受制于必然性。因此，渴望自由的动机也被削弱了。

结果，在本质上只能用于消费人通过劳动获得的财富的“闲暇”，成了近代社会的社会问题之一。

在闲暇中被消费的对象，不限于衣食住等保证劳动的基本条件，还可以是“工作”的产物。闲暇使全世界的所有物品都变为其贪婪消费的对象，使人疏远能令其切实体会到自由的“行动”。

工作——制作活动

接着，让我们一起看看“工作”。工作的要点在于，工作得来的“作品”并不是当场被消费掉的，而是在时间流逝中被持久地使用着。

在阿伦特看来，在商业社会向消费社会转型的背景下，工作也在近代社会（也即劳动社会）的单一标准影响下趋向同质。近代以后，社会呈现出劳动社会的姿态，工具被改良为机械。为了迎合生产过程需求，人反而受到机械限制。不是人主导生产过程，而是人为机械的生产过程所支配。

在过去，制作活动要求技艺者经过长期作业后养成的娴熟技术，作品与技艺者本人关系紧密。然而，在劳动资料得到改良并被集中至工场之后，经过短时间的训练后，任何人都能制作出同样的物品。随着机械登场，人也变成了只会操作机械的木偶。

此外，过去的生产活动出产“好”的作品，将其置于公共空间，接受众人评判。但是，在消费社会中，产品不再作为一个作品出现在公共空间，对产品的评价也变得与技艺者本人无关。

在劳动—消费社会中，产品逐渐变为单纯的市场交换、消费的商品。作品即是商品，技艺者即是劳动力，一切都开始为单一标准所判定。

行动——人际关系网的“网眼”

让我们再来看看阿伦特所说的“行动”。阿伦特认为，行动具有以下本质：

- 为复数性、他者性和差异性所规定。
- 行动使我们成为平等的不同存在。
- 世界现实的条件。

行动成立于在国籍、人种及性别等种种差异性之上，是在相互承认固有性和独立性的基础上展开的言论活动。

阿伦特以古希腊城邦国家为行动空间的模范。在城邦这一公共领域中，在差异性前提下，公民互相承认彼此的固有性和独立性，共同参与言论活动。对城邦公民而言，共同参与就意味着世界的现实性。城邦绝不是房子或公共建筑等物理空间，而是指因行动产生的人际关系网的“网眼”。阿伦特称这些“网眼”为“表象空间”。

行动的要点在于，行动的参与者需要相互承认人的自我同一性。在“表象空间”中，人们需要表明身份，相互理解。也就是说，关键在于人通过行动知晓彼此。

虽然阿伦特认为行动与言论是一致的，但是实际上未必如此。行动还可以包括文学、艺术及体育运动等等诸项活动。真正重要的是，行动的参与者是相互平等的。无论是大公司的董事长、上班族、主妇或学生，都需要摒弃社会权威，平等地参与到表象空间中，互相批评。这就是行动的条件。

阿伦特感叹道，近代以来的劳动社会倾向于将表象空间视为等闲。也就是说，近代社会认为，如果你有闲暇的话，那你就劳动吧！

在以维系生存规定一切价值的劳动社会，行动被认为纯粹是对时间的浪费。

人的动物化

在《人的境况》最后，阿伦特探讨了近代社会沦为劳动社会的原因，并将其根本原因归结为基督教的生命观。

阿伦特写道，“古希腊将工作和行动置于劳动之上。基督教却颠倒了这个顺序。基督教认为人的生命是最高级别的善，因此工作和行动从属于‘必然性’。基督教不像古希腊一样对劳动避而不谈，反而认为劳动是神圣义务”。

在古希腊的城邦，人们希求通过言论留下不朽美名。但是到了近代，不朽的只剩下生命的延续。近代社会仅仅追求通过劳动维持生命。人希求退化为动物……

阿伦特就此搁笔。

亟待更新的原理

阿伦特在本书中提出的“劳动”“工作”及“行动”三个概念，确实在人的生活中占据本质性位置。其中公共领域是“行动”平台的观点，对构建社会也具有参考意义。

但是，阿伦特对近代社会的批判具有先入为主的悲观色彩。其观点鲜明地体现出她直面压倒性的工业化浪潮时的危机感，因此其中对社会的批判并未触及根本原理层面。

然而如果以此批判阿伦特，其实也没有什么意义。我们真正应当做的是结合现代社会的状况，更新阿伦特的观点。

阿伦特生活的时代与现代的根本不同在于，现代社会是一个信息社会。随着计算机和互联网的爆炸式普及，人的生存条件也发生了根本性变化。阿伦特所说的劳动、工作及行动也都与当初大相径庭。

我们应当在此基础上，继承本书把握人的生存的根本条件、构想完全满足这些根本条件的社会的立场，继续探索历程。

《论革命》[①]
On Revolution

汉娜·阿伦特

（Hannah Arendt，1906年—1975年）

自由需要公共空间

① 可参阅《论革命》（译林出版社 2011 年版，陈周旺译）。

"如果叛乱与解放未能带来新的自由，那么这叛乱与解放就是最没有意义的。"

自由是什么？这是近代以来为哲学家反复叩问、从不同切入点寻找答案的问题。卢梭与黑格尔等人以"公共意志""人格的相互承认"的概念对此作出了回答。我们在本章节中将阅读的《论革命》一书中，阿伦特分析法国大革命[①]与美国独立战争[②]，尝试从另一个角度给出答案。

---

① 法国大革命：发生于1789年至1799年间的法国市民革命，由波旁王朝的暴政、启蒙思想的影响及第三等级（市民）的崛起等诸多因素触发。法国大革命以攻占巴士底狱为始，后公布人权宣言、废止王政、处决路易十六世，确立了共和制统治。然而共和国在经历罗伯斯庇尔的恐怖统治、督政府统治时代之后，最终为拿破仑主宰的第一帝政所终结。

② 美国独立战争：18世纪下半叶，英属北美殖民地要求独立、最终成立共和制国家的革命。英国为补充美洲殖民地管理费、增加赋税，美洲殖民地召开大陆会议抵抗增税。1775年，双方进入交战状态，北美十三州于次年发布由杰斐逊起草的《独立宣言》。

让我们先来公布阿伦特在本书中得到的结论吧。

阿伦特认为，自由意味着参与公共空间。与自由类似的概念还有“解放”，但是解放与自由有本质性的不同。自由需要被构建。如何才能“构建自由”呢？这就有赖于革命的成功。

作为马克思主义的逆流产生的后现代主义思潮[①]，从反权力的视点出发，倾向于将自由与解放视为一物。与后现代主义流于表面的批判相比，阿伦特在《论革命》中提出的有关权力的论断要更为坚实可靠。

“自由”意识引导革命

革命究竟是在怎样的契机下爆发的呢？

阿伦特认为，其原因在于近代“自由”意识的萌芽。这是中世纪过渡至近代的根本条件。

在基督教权威仍然具有压倒性力量的中世纪，神决定历史进程。对人来说，问题在于是否正确地理解、接受这样的世界观。阶层是固定的，人们不能反抗。封建领主的后代也是封建领主，农奴的子孙也还是农奴。

近代以后，社会差距成为必须解决的矛盾与问题。

---

① 后现代主义思潮：后现代主义是体现由自由或平等等“大叙事”所规定的近现代之“后”的概念。后现代主义思潮指与此时代背景相应出现的思潮，其关键词是“差异”“多样性”等，代表人物有福柯、德勒兹及德里达等人。

贫困绝非神定的命运。重编社会秩序，可以消灭贫富差距。在阿伦特看来，对此的坚定信念就是革命的条件。

正如前文所述，阿伦特认为解放与自由有本质上的差异。即使解放了受压迫的民众，自由也不会自然而然地来临。自由需要实质性的社会制度。只有组织国家统治形态、构建自由的革命，才担得起革命之名。

构建自由与创设权力结构密不可分。如果解放没有孕育出维护公共空间的权力，只在热情驱使下转而拯救劳苦大众，那么革命注定以暴力导致的失败告终。阿伦特将此作为法国大革命最终走向恐怖统治的原因。

法国大革命与美国独立战争的不同

阿伦特认为，法国大革命与美国独立战争有以下不同：

◆ 法国大革命失败的原因：止步于解放，没有实现构建自由的目标。

◆ 美国独立战争获得基本成功的原因：在解放之上，走向了基于权力结构、构建自由的阶段。

阿伦特说美国独立战争只是获得了“基本”成功，表示她并未给予美国独立战争全面积极的评价。美国独立战争虽然起初看似成功，但是实际上未能成功地创设人人都能参与的公共空间，也并没有实现构建自由的目标。

让我们先将美国独立战争放在一旁，来看看阿伦特对法国大革命失败原因的具体分析吧。

法国大革命失败的原因

在阿伦特看来，法国大革命失败的根本原因在于，罗伯斯庇尔等法国大革命领袖以人民的幸福和富饶为革命目标。这个论断也许令人怀疑其中是否蕴含反语色彩，但是阿伦特认为，当革命以将人们从“必然性”拯救出来为目标时，革命就会迷失其本质目的——构建自由。

阿伦特分析道，通过法国大革命真正切实感到自由的人只是少数，苦于贫困的大部分人甚至没有获得解放的感觉，遑论自由。对人民的“同情”使法国大革命走向失败。

为什么同情会使革命失败呢？其原因在于，同情终究也是一种热情，无法以之创建制度。

法国大革命的领袖为对贫苦大众的同情所驱动，革命中混入了“必然性”要素。因此，法国大革命不可能实现在公共空间构建自由的目的，最终走向恐怖政治。

美国独立战争获得基本成功的原因

接下来，阿伦特将目光转向美国独立战争。阿伦特认为，美国独立战争与法国大革命的根本区别在于权力体系的创建。

法国大革命以解放为目的，结果走向恐怖统治。美国独立战争在解放之上建立了国家。美国独立战争积极地创建权力体系，迈向构建自由的阶段。阿伦特在这个意义上积极地评价美国独立战争。

独立战争之后，美国以“互惠原则”和“平等性”为创立政权的基础。也就是说，美国独立战争在互相同意的基础上结成同盟、创设了权力。

权力与自由两者并不矛盾。自由成立于稳定坚实的权力基础之上。我们不应反对所有权力，而是应该在共识的基础上打造权力结构。这是阿伦特与她的批判对象卢梭共同的见解。

但是，比起共识或契约，阿伦特更加强调权力结构是否能够实现共同参与统治。

所谓达成共识、表示同意，并不意味着将一切都抛给政府。如果共识不能将民众引向共同决定事务的统治形态，那么共识就不能被看作是构建自由的原理。

失败的公共空间建设

美国独立战争最终制定了宪法，似乎实现了基本成功。但是，阿伦特认为，美国在出发点处就犯了致命的错误。也就是说，美国未能创建出能使人们意识到构建自由应当是自发行为的公共空间，在人人参与治理的制度设计上是失败的。

自由确实得到了构建，但是公共空间未能形成。公民自由、私人福利及舆论留存至今，这就是致命的问题。

阿伦特对舆论持否定态度。舆论以压倒性的力量要求全体一致，抹杀个人意见，动摇“自由的统治”这一共和制本质的根基。汉密尔顿[①]、杰弗逊[②]等美利坚合众国缔造者都认为，舆论主导的政治是新的专制统治。

当然，他们没有在舆论统治面前拱手而立。杰弗逊寄希望于“郡区”会议及市民会议，以期实现人人参与统治、关心公共事务的目标。他们通过这些制度设计，期望实现对自由的持续保障。

但是在阿伦特看来，先驱们的目标实际上并未得到实现。为构建自由而编写的美国宪法本身也仅将公共空间赋予民众代表，必然在结构上造成民众对公共事务的漠不关心。

共同构建自由

阿伦特的自由论中，贯穿着她对于解放与自由的本质差异的见解。

在没有安定的权力结构及统治的情况下，自由是不可能得到持

① 亚历山大·汉密尔顿（1755年前后—1804年）：美国政治家。作为美利坚合众国首位总统华盛顿的副官，活跃于独立战争时期。汉密尔顿主张设立强有力的中央政府，参与制定宪法的运动。他也因其为美国宪法的起草人而闻名。1804年7月，汉密尔顿在与政敌阿伦·伯尔的决斗中中弹身亡。

② 托马斯·杰斐逊（1743年—1826年）：美国第三任总统（1801年—1809年间在位）。推动设立共和制，曾经出任美国第一任国务卿、第二任副总统，从拿破仑政权下的法国手中购买路易斯安娜州。

续保障的。只消一望数十年来持续内战的地域，我们就会意识到在厚重的现实面前，“权力是自由之敌”的看法是多么粗糙简单。

为了实现自由的实质化，必须设置相应的制度。但是与此同时，阿伦特还特别强调，倘若人们不参与公共空间、制度将会形同虚设。

> 在20世纪的革命惨状中葬送的，正是人们对国家变革的希望，即对近代平等主义社会的全体成员都能够参与公共问题的新治理形态的希望。

在本书卷尾，阿伦特批判了精英政治。精英政治本身不成问题，问题在于精英政治使政治变成了一种专门的职业。

投身于公共空间时，人才有自由。因此，倘若未能创设出所有人均能以公民身份参与国家治理的体制，那么就不算成功地构建了自由。阿伦特指出，随着将政治专业化的进展，人们丧失了参与政治的机会与身为公民的体感。

《总体与无限》①

Totality and Infinity

伊曼努尔·列维纳斯

（Emmanuel Levinas，1905年—1995年）

伦理的条件在于“我”的外部

① 可参阅《总体与无限》（北京大学出版社 2016 年出版，朱刚译）。

“伦理这一积极的机制存在于他者的‘抵抗’之中。”

在欧洲中世纪时，人们以基督教的神为善的根据。人只能在神的恩宠下获得对善的认识。这种观点经过文艺复兴后，在近代哲学中被彻底改写。康德在《纯粹理性批判》中主张，人可以通过理性判断善恶并朝向善前进；黑格尔在《精神现象学》中，在全知全能的上帝并不存在的前提下，论证了伦理的条件在于人格的相互承认。

在本章节中提到的法国哲学家列维纳斯沿袭前人态度，尝试从根本上批判各种有关伦理的哲学观点。

“人的利己主义本身不就是与伦理背道而驰的吗？难道不是利己主义暴走导致残酷的战争吗？那么，如果真的如此，到底什么才是伦理的根据呢？”

列维纳斯在《总体与无限》中使用胡塞尔的“发生现象学”方法，试图回答上述问题。

胡塞尔现象学主要可以分为静态现象学和发生现象学两个部

分。静态现象学认为，通过反省当前的意识体验，能够发现怎样的条件支撑了人们对世界的朴素信念。我们前面读过的《现象学的观念》及《纯粹现象学和现象学哲学的观念》，都是有关静态现象学的著作。

与此相对，发生现象学研究上述对世界的确信是如何产生（发生）的。静态现象学以目前的意识为立足点，发生现象学在基础上进一步探索世界成立的本质性结构并且提出假说。

举例来说，我们没有婴儿时期的记忆。但是，通过观察婴儿，我们能够类推对于婴儿来说世界的样态。列维纳斯要做的，其实就是这种观察和类推。

阅读之前我们需要知道，列维纳斯的著作本身就十分难懂，《总体与无限》更是难中之难。列维纳斯在执笔过程中，不断回顾自身体验，揭起尘封的记忆，因此书中论述错综复杂，难以把握思想全貌。不过，这也恰恰反映了列维纳斯的写作方式是遵循了发生现象学的方法。

“享受”食物

伦理以什么为根据？在回答此问题前，列维纳斯设置了一个前提——伦理的根据是作为主体的实存。

列维纳斯没有简单地向宗教教义及习俗规约中寻求伦理的根据。他认为，我们需要从每个主体中找寻伦理的根据。主体到底是怎样成长的？是在怎样的契机下开始产生伦理感的呢？列维纳斯为了找到谜底，注目人自身的成长发育过程、试图描绘出具备伦理的主体成长的过程。

列维纳斯认为，“享受”①食物是实存成立的首要条件。享受是指，通过某事某物得到滋养。在享受的过程中，实存的欲求得到满足。实存在“感性”中享受食物、感受幸福。

列维纳斯说，“生命从起初就是被爱着的”。

这句话的意思是说，因食粮而得到滋养的实存，是幸福的。

我们可以借用具体事例来消化他的观点。

我们喝咖啡时，不是“为了生存”而喝。我们因咖啡的香气和滋味，感到自己真正活着。列维纳斯认为，作为伦理基础的实存就是在幸福之中发育成长的。

“占有”与“总体”

实存不仅满足于被赋予的幸福，还会发掘享受的对象并且试图占为其有。这种尝试以“劳动”的形式出现。劳动延后享受，实存希求获得更大享受而努力劳动。

---

① 享受：因享有受用某事物而感到满足愉悦。列维纳斯认为，人的生存并非为阿伦特式的“必然性”所限制，而是为享受所支撑着。想必你也曾在享受餐后咖啡或出浴后的啤酒带来的“幸福一刻”时，感到深深“幸福”。在母亲怀中的婴儿满脸幸福的样子，反映出实存是处在完全的幸福中的。

列维纳斯认为“家”[①]是使劳动成为可能的条件。“自家”是一个亲密的空间。住在家中的实存因拥有亲密空间而感到安心，能够关心自身。这就构成了伦理的基础。

但是，实存会因“劳动”被卷入对巨大暴力的应酬中。为什么呢？列维纳斯的理由如下。

劳动孕育“作品”。“作品”在市场上获得价值，价值又以货币为单位体现出来。作品离开作者，被放入作品体系之中，为他者所“占有”[②]。

占有的极端形式就是战争。战争状态下，国家将以绝对秩序动员各个实存。住在家中的实存也就因此被召去应酬巨大暴力。

在这种状态下，伦理有可能实现吗？列维纳斯的答案是肯定的。关键在于实现从“占有”至“赠予”[③]的转换。

从“占有”到“赠予”——他者的“面容”

在自家中享受食物的实存，自尊自爱，能够关心自身存在，具

---

① 家：主体自身得以构建的前提。实存在“自家”中感到安心。即便在外为寒风侵袭，回家就能感到家的温暖。列维纳斯认为，实存在从家中获取的温暖和爱之下，能够自尊自爱、关心自身存在。

② 占有：据为己有。一旦离开充满爱意的“自家”，实存面临的就是生存竞争的荒凉战场。人不仅要注意不为他人所欺骗，还需欺压他人，否则就会被踩在脚下。列维纳斯认为，这种利己主义之争的极端情况就是“战争”。

③ 赠予：无偿分享、赠送。如何实现从占有到赠予的转换呢？列维纳斯认为，此时不能依赖宗教。那么，神的命令以外，什么使赠予成为可能呢？这正是下文中列维纳斯思考的问题。

备通过“劳动”生产食物的能力。此时，实存还没有获得向他者开放、敞开怀抱的原理，因此“占有”还不能转化为“赠予”。

列维纳斯所说的他者，不是单纯的“他人”之意。所谓他者，是指如孤儿或寡妇等亟须他人帮助的“他者”。

列维纳斯在此提出“他者的面容”的概念。他者通过“面容”、拒绝与“我”化为同一存在，在“我”的对立面“显现”出来。也就是说，绝对的他者直接将向善的理由晓谕给迄今为止都住在自“家”中的实存。

赠予的条件——女性与教师

那么，人如何才能迎入他者呢？在回答这个问题时，我们不能从宗教教理寻找根据。我们需要重温自身记忆，从中找到伦理感的根据。我们的伦理观到底是怎样形成的呢？

列维纳斯在回顾自身体验之上，抽出了“他者的面容”的概念，以此作为形成伦理的前提条件。这个前提条件有以下两种：

- 女性的“柔和”
- 教师的“话”

首先让我们来看看女性的“柔和”。

由于处于孩提时代的实存还不具备生产食物的能力，所以实存首先必定是在“家”中被抚养长大的。列维纳斯象征性地称充满爱意地提供“家”和食物的抚养人为“女性”。此处所说的“女性”基本上可以理解为母亲，但是事实上也不一定非是母亲不可。“女性”只是柔和地接纳实存的象征而已。

但是，实存只是一味接受来自女性的温情的话，还不能移步至赠予的阶段。家的亲密性有时也会导致面对他者时的利己主义。实存既有可能能够以来自女性的温情对待他者，也有可能活得任性恣意。实存需要在来自第三方的严酷批判下，反思自己对自己的爱。

这时就需要“教师”登场了。此处所说的“教师”，简单来说就是如同大学辅导员般的存在。教师也许会谅解学生偶尔迟到，但是如果某个学生日常迟到，教师便不会视若无睹。教师会训斥学生：“你怎么老是迟到？天天干什么呢！注意点！”大部分情况下，被训斥的学生都会回答：“我明天开始会注意的。”列维纳斯认为，这种训斥就是来自教师的“审问”。

教师通过“语言”给实存施加规则。倘若没有“教师”的话，实存就会成长为顽劣之辈。只在“家”中居住的实存是无法理解什么是应当遵从的规范以及善恶分别，等等。

实存从女性处获得温情，从教师处获得规则。实存回想女性如何柔和地接纳自身的经验，意识到自己应当行善，接纳寻求救赎的他者，进行赠予。

实存与他者的关系会从有限关系发展到公共层级。列维纳斯称这种关系为“兄弟关系”[①]（博爱）。

兄弟关系中的接纳责任是不会终结的。他者无限存在，实存也无法说“兄弟关系就到此为止”地给兄弟关系规定边界。

但是，个人生命却有“死”这一界限。

兄弟关系有可能遭受重大挫折。在兄弟关系中，如果责任不停增加，却没有完全实现责任的可能，这就会削弱促使实存承担责任的意愿。用比喻来说，这就好像是一笔怎么还都还不完的债一样。

连接现在与未来的“繁殖性”

对此，列维纳斯提出“繁殖性”[②]的概念，试图以此解决兄弟关系的问题。繁殖性是既指自己的子孙，还指全部后代。

列维纳斯写道，“男性在与女性的爱欲关系中，摆脱自身主观性的制约，再回归主观性。男性发现值得爱恋的他者，爱抚他者。这种爱抚超越感性的次元，引发‘不停逃离自身超向未来’”。

简单来说就是，生殖行为繁衍后代，是现在这一时间点构建与

---

① 兄弟关系（博爱）：从有限关系发展到公共层级的实存与他者之间的关系。基督教有“邻人爱”的伦理要求。“你要像爱你自己一样，爱你的邻人。”但是，列维纳斯为了不以宗教为伦理的后盾，将兄弟关系作为一个课题来探索。

② 繁殖性：人的延续性。兄弟关系展现出伦理的责任是无限的。比起兄弟关系，“我”的实存不过是微尘而已。列维纳斯认为，繁殖性是解决兄弟关系面临的难局的基础。

未来的联系的方法。列维纳斯认为，使人承担起迎入他者的责任的原理就在这种未来的关系中。

> 繁殖性使不朽的历史得以延续。我不是在说无限的时间使老去的主体获得了永恒的生命。无限的时间是连接断裂的各个世代的美好事物，子孙后代无穷无尽的青春刻在无限的时间上。

孩子就是自己的分身，孩子以实现更好世界的希望和可能性的姿态降临。只要相信这种可能性，我们就能看到继承女性及教师责任的意义。这就是列维纳斯的观点。

伦理的可能性

列维纳斯在《总体与无限》中，通过从“占有”的网络到“赠予”的网络的转换，为实现伦理奠定基础。

他在此面临的问题是，使人主动进行赠予的条件是什么。

正如无法背负永远偿还不完的负债一样，人无法承担无限增加的责任。当然也可以直接将赠予规定为人人须尽的义务，但是这在列维纳斯看来太过简单粗暴。事实也的确如此，如果这样就能解决一切伦理问题，那么一开始应该也不会产生“占有”的问题了。

对此，列维纳斯将子孙的概念导入赠予的网络，试图解决这一问题。

就算我们现在无法迎入所有他者，只要对下一个世代怀抱希望，我们就能重获“青春”、承担“责任接力跑”的环节，继续奔跑。

这当然也只是列维纳斯的假说而已。也许有些人无法赞同他认为对下一辈蕴藏的可能性的信念是构建伦理的重要条件的观点。

相信“未来的他者会接过接力棒”，在能力范围内承担责任，我们就可以将社会重编为无限延伸的赠予网络。列维纳斯尝试以此设想作为代替利己主义的伦理的根据。

《词与物》[1]
The Order of Things

米歇尔·福柯

（Michel Foucault，1926年—1984年）

后现代主义思潮的代表作

① 可参阅《词与物》（上海三联书店2016年出版，莫伟民译）。

“诚如思考的考古学能够轻易证明的那样，人不过是近期的发明而已，而且正接近其终点。”

后现代主义思潮萌芽于20世纪下半叶的法国。本章节中介绍的《词与物》的作者、米歇尔·福柯，正是后现代主义思潮的代表哲学家。

后现代主义思潮的基本目的在于明示近代社会制度是内含矛盾的结构。从自由及平等的理念出发到家庭和国家制度，近代社会实际上是为暴力和压迫所支撑的结构。

基于此，后现代主义思潮强烈地反权力、反制度、反对普遍性。这就是后现代主义思潮的基本特征。

在《词与物》中，福柯基于数量庞大的历史数据，指出”近代“不过是时间长河中的一个状态而已，没有证据显示近代社会制度和结构等具有普遍性。

在书中，福柯使用了“认识型”[①]这一概念。

所谓“认识型”，一言以蔽之，就是“知识的结构”之意。一切认知都以认识型为基础。不同的时代有不同的认识型，人根据认识型认识世界。因此，不存在所谓普遍的认识。福柯的“认识型”概念中内藏着如此深意。

福柯认为，西方文化有两个巨大的间断性，其一是16世纪至17世纪中叶的“古典时代”，其二是近代。据此，西方文化可以划分为①古典时代以前、②古典时代、③近代三个时代。每个时代都有各自的认识型。

在福柯看来，近代的认识型也不过是相对而言的，他着眼于代表这一事实的概念——“人”。

乍一看知识的相对性和“人”的概念似乎毫无关联。但是在福柯的思想中，“人”不过是近代固有的认识型的产物[②]而已。也就是说，一旦近代认识型发生变化，“人”也就会像陆海之际的砂砾一般，在海浪更迭时消失无踪。

古典时代的认识型

让我们按照福柯叙述的顺序，先来看看古典时代的认识型吧。

---

① 认识型（epistēmē）：源自希腊语，知识之意。又译作“知识型”。福柯使用这一概念代指某一时代知识的制度框架。

② 福柯在这里想说的是，现代人认为不言自明的许多事项，不过是为时代的知识框架所规定的内容而已。“人”也是一样。近代出现的“人文学科”主张已经获得了有关人的绝对真实可靠的知识，但是福柯认为这是大错特错。

在古典时代以前的认识型中，“相似性”[①]发挥了重要的作用。所谓“相似性”是指词与物之间的对应关系。在这个阶段，问题在于“词怎么才能忠实地表达出物与物之间的关系”。

然而，进入古典时代以后，词与物的“相似性”退居幕后。词不再对应物的秩序，开始构成独立的秩序。

福柯以“图表”[②]一词来形容古典时代的认识型。

在图表中，问题不在于“词”与“物”的关系，而在“词”的相互关系。事物的表象被按照表的秩序一一对应地放入表中，得到收拾整理。在图表模式的认识型中，包括以探讨词的一般秩序的“语法学”、树立自然事物体系的“博物学”和分析事物价值尺度的“财富分析”。

图表模式的要点在于，图表虽然具有独特秩序，但是这一秩序背后也是为物的秩序所确定的。

比如说“财富分析”中，黄金本身具有的价值保证了价值尺度。货币的价值为货币的含金量所定。货币含金量越高，货币价值越高。“财富分析”基于此，讨论货币的价值。

---

① 相似性：在关注“词”如何才能表达“物”（现实）的古典时代以前，词是物的标识。相似性指词与物的这种对应关系。福柯认为，象形文字使词模拟物，占卜通过解释“物”预言现实。中国殷代，人们将占卜事项刻在兽骨上后用火烤，通过兽骨裂痕预言吉凶。在这个过程中使用的甲骨文字，是目前已知最古老的文字。

② 图表：进入古典时代以后，“词”与“物”之间的直接关系崩解，形成词与词的秩序。认识型也转而重新整理秩序。福柯称这种认识型为“图表”。

近代的认识型

在古典时代的认识型中，关键在于在“图表”中规定表象的秩序。近代以后，认识型又发生了变革。“语法学”转变为语言学，“博物学”转变为生物学，“财富分析”转变为经济学。

认识型的此次变革，以从“秩序”到“历史”的转换为背景。随着时间轴的浮现，历史、结构等范式出现，替代了图表的秩序。

近代与古典时代的认识型的根本不同在于，探求对象由看得见的“表象”转变为看不见的历史和结构，等等。

比如在“财富分析”的领域，过去以本身就具备价值的货币为价值基准。如今，在亚当·斯密创始的经济学领域，与物的秩序毫无关系的“劳动”成了价值基准。货币的含金量已经不再是问题。货币的价值取决其中反映了多少“劳动”。

福柯认为，“人”出现于在近代认识型一系列转换之后。换句话说，“人”是语言学、生物学、经济学等近代认识型构建起的易碎之像而已。

缺乏普遍性的人文学科

在福柯看来，人文社科产生于以“人”为对象的近代认识型中，是以语言学、生物学及经济学所规定的“人”为主题的学科。

但是，人文学科也是认识型的一个状态而已，绝非普遍的知识体系。

福柯批判道，人文学科没有意识到“人”是为近代的知识范式所规定的存在。近代的思考陷入了人学的“梦境”之中，忘记了近代也不过是一个时代而已，独断地认为获得了具备普遍性的知识。

在本书结论部分，福柯写道：

“要想从人学的迷梦中苏醒，就必须要摆脱人学的偏见，重问思考的界限，攻击人学、彻底地破坏人学。对于单纯地想探求人的人，‘我只能投以哲学的冷笑’。”

无与伦比的近代批判

福柯究竟为什么展开了上述批判呢？即使读完《词与物》，也许读者还是会感觉未能看清福柯的著述意图。笛卡尔、康德及卢梭等近代哲学家通常开宗明义地表明论述目的、在此基础上展开论述。与此相对，以福柯为代表的后现代思想家往往隐藏写作意图，试图通过整篇文章暗暗将所思所想传递给读者。

按照我个人的理解，福柯的创作目的应是这样的。

“近代社会以自由及平等的理念为基础出发，却营造了产生新矛盾和压迫的结构。如果能够找出支撑这个结构的条件，就应该能够找到通向新的‘自由’的通路……”

不过，虽然福柯批判近代，但是这不意味着他对近代之后的时代就充满希望。

福柯虽然指出近代也不过只是一个时代而已，但是这并不能回答“如何解决近代的矛盾”的问题。

因此，即使福柯告诉我们“人”将要走到终点，我们也无法体会其中含义。这是活在现代的我们理应感到的困惑，我们也不必对此产生怀疑。

《词与物》经常被拿来与绝对信赖人的主体性的萨特存在主义作比较。当时的知识分子中有一种“你竟然相信人的绝对性啊，好天真呀”的气氛，《词与物》也因此颇受好评。这种氛围大概类似于各种大众媒体认为“无知大众不会意识到这一点”，然后替我们决定我们的世界观。后现代主义思潮经常在不知不觉中陷入“只有我才掌握了真理”的态度。

当然，福柯本身并非如此。福柯总有一种倘若规定“人”的存在，就会扼杀人的多样性的强烈危机感。这也许和福柯曾为其同性恋性取向而深深苦恼、青年时期甚至曾经因此试图自杀的经历有关。

我对福柯的观点有以下看法。

对我们来说，与其将“人”概念相对化并使之消亡，不如锤炼、锻造“人”概念，探索不导致压迫“人”概念，使让每个人都过上自己认同的生活。现在不是向他人投去哲学的冷笑的时候。

哲学应当彻底思索常识、从中发现并解决问题、将常识再编、使之更具普遍性。处理现代社会的问题时，通过高强度的思索提炼出其中原理、使之经受众人批评才是哲学的首要任务。

《声音与现象》[1]
Speech and Phenomena

雅克·德里达

（Jacques Derrida，1930年—2004年）

拆解同一性的解构主义思想

① 可参阅《声音与现象》（商务印书馆2010年出版，杜小真译）。

"认识的观念和认识理论的观念难道不自在地是形而上学的吗？"

观念会迷惑我们。观念具备普遍性，因此会使人感到一种无限性。观念中直击逻辑矛盾的悖论具有引人入胜的魔力。

逻辑悖论中，有一个由出生于希腊克里特岛的哲学家埃庇米尼得斯[①]提出的"说谎者悖论"。

"有一个克里特岛人说：'克里特岛人都说谎。'"

如果克里特岛人都说谎，那么"克里特岛人都说谎"就是假话。但是，如果克里特岛人不说谎，那么就违反了"克里特岛人都说谎"的定义。那么，这个克里特岛人所言到底是真还是假呢？

这类悖论被称为"自我指涉引发的悖论"，在后现代主义思潮中十分流行。语言的意义并非单一的，认为语言能够准确地表达所

① 埃庇米尼得斯：古希腊诗人、预言家。生卒年不详。生于克里特岛。埃庇米尼得斯因曾被罗素在论文中言及而广为人知。

想的观点是错误的。后现代主义以这种主张，一气相对化了普遍性与客观性等蕴蓄至今的哲学理念。

否定“真理”

后现代主义思潮之所以否定普遍性这一理念，背后原因诸多。其中一个原因便是马克思主义的僵化。

你还记得马克思主义认识论的内容吗？恩格斯在《社会主义从空想到科学的发展》中，以“辩证唯物主义”的概念介绍了马克思主义认识论。这个概念具体内容在此不是很重要，关键在于它认为马克思主义世界观是“唯一”真理。

然而，后现代主义思潮认为，主张“我们的世界观绝对正确，阶级斗争的历史就是世界的真理”的马克思主义最终化为斯大林主义[①]。在此基础上，后现代主义思潮试图宣明，迄今为止的哲学不过是追求真理的形而上学而已。

在《词与物》中，福柯提出所有认识都是与时代固有的认识型相应产生的。

“不存在绝对正确的普遍认识。一切认识都是相对的。但是，包括马克思主义在内，以‘人’为对象的近代学问都没有意识到这一点。近代的知识都是失败的。”

---

① 斯大林主义：苏联的领导约瑟夫·斯大林（1879 年—1953 年）操控的独裁体制，特征为对斯大林的个人崇拜、大清洗。

福柯通过批判近代的整个知识体系，对普遍性的理念给出了“NO！”的回答。

本章节中我们将一起阅读的雅克·德里达和福柯一样，也对普遍性的理念进行了批判。

福柯以考古学式的方式使用各种资料，描绘出近代的相对性。德里达则关注语言，批判哲学为对真理的欲求所附身。

“我们平时认为语言可以准确地表达出‘我们想说的内容’。但是‘现在’一词如何呢？在说‘现在’这个瞬间，现在已经变成了过去。我们无法正确地把握‘现在’。即使如此，胡塞尔还是认为语言能够与‘我们想说的内容’正确地对应起来。这其中有认为‘我们想说的内容’就是语言意义的原因的、对真理之‘野心’发挥效力。”

德里达在书中消极地评价胡塞尔创始的现象学。他批判道，胡塞尔表面上看起来是否定了探索世界终极本原的形而上学，实际上却以现前①意识为价值的绝对起源。

差异“游戏”

德里达提出了怎样的方案来替代胡塞尔观点呢？他主张，意义不是生自确实的“现在”，而是生自差异“游戏”（运动）。

要不要以“现在”为意义的根据其实并不重要。德里达的问题

① 现前：胡塞尔创造的用语。指意识中的对象“活生生”的真实感。

意识指向确立原理的行为本身。

一旦确立原理，就会产生集体主义的压迫。如果能够从逻辑上论证正确的世界观并不存在、彻底否定追求真理的欲望，人就能尊重差异性和多样性地生活。

后现代主义思潮就是基于此批判真理和共识等观念的。

对“语音中心主义”的批判

德里达主张“意义不生自确乎的原理，而是生自差异游戏”，是在以此批判胡塞尔的“语音中心主义”。

只看“语音中心主义”词面，也许难以把握其中含义。其实语言中心主义的主要内容十分明快易懂。意识与语言之间有一定偏差，两者并不完全重合一致。但是，胡塞尔试图强行把意识与语言联系起来。“声音”①象征这种尝试的概念。

> 由于非现前性及差异等引入自我现前性的核心中，意识的构成要素及语言的构成要素会越来越难以区分。这个难题需要一个答案。这个答案就是声音。

让我们细细品读德里达的话吧。

---

① 声音：一般情况认为，人可以通过发声将自己想说的内容直接表现出来。比如“好吃”这句话就直接表现出某人感觉某种食物很美味。德里达以“声音”一词表现这种意识与语言的对应关系。之所以使用“声音”，是因为德里达认为书写中不存在这种对应关系。

胡塞尔认为，意义是因为意识内部的自言自语产生的。“声音”表现出自言自语，重复其“回响”。换句话说，说话人的意图能得到准确的体现。胡塞尔将这种模型作为产生意义的一般结构。

但是，在德里达看来，这种模型绝不成立。

举个例子来看，假设我们走在路上，脚边有张便条。捡起来一看，便条上写着“笨蛋”。

我们应该怎么看待这个“笨蛋”呢？只盯着这两个字看的话，不管怎么思忖都无法理解其中含义。毕竟写下这张便条的人已不在场。

德里达认为，这不仅适用于书写①，也适用于言语②。当我们被叫“笨蛋”时，也无法轻易解释个中意义。德里达以“作者之死”③的概念表现这种情况。

作者之死

作者之死是一个比喻，并不是说作者真的死了。作者之死意味着表达与使用此表达的人的意识是完全断裂开来的。

---

① 书写（écriture）：书面文字之意。书写脱离与意识的对应关系，读者可以对此进行任意解读。不存在绝对正确的表述（真理），只有无数解释“游戏”。德里达借此表达，解释的多样性、多义性才是意义的特质。

② 言语（parole）：口语之意。被用于认为话语能够正确反映意识的“声音”结构之中。

③ 作者之死：在言语中，意义的根源在于说话人的意识之中。但是在书写中，语言脱离作者之手，只有读者能够解释意义。德里达认为，这是意义的一般结构。

德里达为什么一定要用“死”这个具有冲击性的字眼对此进行说明呢？我们可以在与胡塞尔的比较中，探清其中经纬。

胡塞尔以“活生生的现在”的表现，来说明意义成立时的意识状态。简单地说，就是感知对象具有的真实感。胡塞尔认为，意义就是源自这种现实感。

德里达对此持有异议。让我们用下面的例句进行思考。

“我现在在这里。”

在胡塞尔的“声音”架构中，这个表达源自“我”实际上处于此处的“现实感”。但是仔细来想，除了“我”之外的他人也可以称自己为“我”，除了现在之外的瞬间“现在”还是有其意义。“这里”也是一样。

德里达将意义从具体的“现实感”中抽离，认为需要结合当时情境进行解读。某一表达的意义绝不是作出此表达的人的意识的产物，而是与不同状况相应产生差异的效果而已。

反对普遍性的哲学

德里达的解构思想[①]作为后现代主义代表思想，引起了广泛关注。

---

① 解构思想：解构思想通过指明超越男女、内外等二元对立结构的他者存在，尝试暴露西方文化中隐藏的形而上学。比如，认为男女区别是不言自明的近代，压抑了无法从中找到归属感的 LGBT 群体。

一切意义都是差异引起的效果而已，不具备确乎的根据。在打出这张反对普遍性的牌时，解构思想是极为有力的工具。只要运用一些手段，任谁都可以简单地批判既有制度。许多相关论文、著作也确实就这样被批量生产出来了。

但是，德里达对胡塞尔的批判是否真的妥当呢？

胡塞尔将意义的根源置于意识的“活生生的现在”，而“还原”是通过探明“活生生的现在”而确定意义根源的方法。这是德里达理解的胡塞尔。

坦率说，德里达的理解值得怀疑。

正如我们在《现象学的观念》《纯粹现象学和现象学哲学的观念》等章节中所见，胡塞尔将“还原”定义为“变更态度”。为什么要变更态度呢？是为了探明怎样的根据支撑了人的世界观。

还原要求，首先暂时悬置世界客观存在这一前提，将一切还原至意识，从中抽出支撑对客观性的坚定信念的条件。胡塞尔希望通过还原抽出认识的共同结构，而非找出认识的根源要素。

经过这些操作抽出的认识结构是否客观，单有一个人是无法确认的。我能接受的结构，未必适用于他人。

因此，为探明认识的客观结构，我们需要将通过自身经验获得的见解放在桌上，与他人相互确认。

按照这个思路的话，我们应该如何思考刚才的“笨蛋”呢？

假设这句话来自陌生人，我们应该会觉得耻辱和愤怒。但是如果是认识十年以上的发小呢？我们应该会觉得这是对我们的爱称，或者我们会选择无视这句话。

如果只看“笨蛋”两字，是不能体会其中含义的。我们是结合说话的环境和与说话人的关系来思考含义的。

当然，我们有时候也会无法理解一些含义。我们有时会选择随它去吧，有时会追问“那句话是什么意思”来确认含义。不过对方当然也有可能撒谎。

由于我们探不到对方内心，所以我们也无法确定对方到底是否在说谎。

那么，语言的意义难道取决于解释吗？

事实并非如此。

在满足一定条件的情况下，我们会坚定地相信对方没有撒谎。对深深信赖的人所说的话，我们不会想“怕不是在撒谎吧”，而是直接相信。

如果不关注语言是如何拨动人心、如何使人受伤难过、如何使人感到安慰欣喜，只是从形式分析，那么我们永远无法理解语言的意义。毕竟形式也只是语言的一个侧面而已。

相对化的困境

后现代主义思潮的基本目的在于对抗原理、否定普遍性。我们已经在前面看过其思想背景，在此不再赘述。那么，应该如何评价后现代主义思潮呢？

后现代主义思潮将真理及普遍性和差异及多样性对置，实现了彻底的相对化。它认为，如果承认无法回收至普遍性的“绝对的差异性”存在，那么人应该就能够生活在没有压迫的社会中。

可是，事实如何呢？

尊重差异的观念确实深入人心。人们都认为没有绝对正确的世界观，要尊重多样性，思想观点百花齐放也是好事。

但是，我们还目击了什么呢？多种多样的世界观互相撕扯，人人为之受苦。或者，现代人无法描绘出理想图景，为闭塞感所烦扰。

在这样的环境中，我们无法从差异及多样性中感到希望。然而，我们也没有为此迷惑、失去力量。

我们究竟应该从何处出发呢？我们应当如何思考呢？

对于这些问题，哲学做出了回答——不预设任何前提，从头重新思考。

我们需要去除一切前提，重新思考什么才是好的生活和社会。在不预先设置标准答案的开放的语言游戏中，从共同的出发点出发，互相讨论，尝试达成有关原理的共识。

眼前浮现近代哲学家的身影。他们当时也是在基督教世界观分崩离析的情况下，直面令人束手无策的难题。

在中世纪的世界观余威未消之时，近代哲学家们都是叛乱分子。笛卡尔、霍布斯、斯宾诺莎、休谟、卢梭、黑格尔……他们都曾遭受攻击与迫害。但是，他们既没有回归传统，也没有逃向相对化的港湾，而是选择继续进行本质性的思考。

相对化是没有建设性的行为。如果不以某一人人都能接受的原理为出发点，那么作为哲学来说，这种思考就是失败的。近代哲学家的著作也在向我们传递着这一信息。

让我们在此重新回顾人生与社会吧。对于自己而言，怎样的人生才是“好”的？怎样的社会能够成为人人和睦共存的条件呢？这些问题绝不简单。只有真诚地思考这些问题，我们才能在自身存在中感到近代哲学家的脉动。

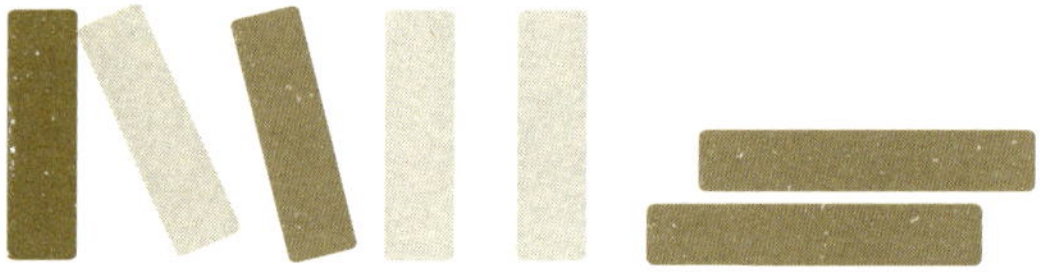

后　记

我是在本科毕业之后、研究生阶段才开始学习哲学的。抱着必须好好学习哲学的想法，我叩开了早稻田大学国际教养学部竹田青嗣教授研究室的门。在那之前，我对哲学知之甚少，甚至都没听过几个哲学家的大名。

本科期间，大概是19岁时，我讨厌被卷入上班高峰，所以每天早上7点就去学校。但是早去了也没什么事干，就开始读冥冥之中买下的《纯粹理性批判》。每每开卷，几分钟就能坠入梦乡。没有知识储备就贸然开读哲学书籍，确实是会这样。那之后多年，我都再没打开过这本书。

更加不幸的是，我当时在大学书店里邂逅了阿图尔·叔本华的《孤独读书术》，读后还写了“哲学家读那么多书却没什么思考能力”之类的书评（我当初也确实是这么想的）。叔本华的观点本身没错，只是我那时曲解了他的观点，错以为“读哲学书不是什么好事”，因此和哲学擦肩而过，损失重大。

但是，倘若没有这些经历使我暂时错过哲学，假设从那时起我就读了很多哲学，我或许也未必能够明白其中真意。也许我将只是沉溺于思考游戏之中。这样看来，我现在之所以能够不入歧途地细细品读古典作品，把握哲学的含义，也是多亏了开始接触哲学之后的种种际遇。

其中一件，就是在网络上的活动。

认真学习哲学两年、上课作报告时用的资料逐渐越堆积越多，我建立了一家解说哲学的网站——“Philosophy Guides”，在上面介绍一些哲学作品的要旨。创立伊始，每天只有几个人点击阅读。有时我也会感到挫败，但在周围人的支持下总算坚持了下来。现在一天最多有几千人浏览阅读我的网站。本书解说的一部分也是以发表在该网站的文章为基础，进行大幅改写而成的。

我曾被哲学专业的学生们这么说过——

“那个人只能写入门书籍（所以没有读的价值啦）。”

讲解哲学很简单，写简单的解说词就更简单了。

事情看似如此，但这其实也只是没有根据的先入之见而已。

向系统学过哲学的人解说哲学是很简单。难的是怎么向普通人恰到好处地解说哲学的要点。只要试过就会明白，这需要相当的技巧。当然，这本小书究竟满足了读者要求与否，还是要交给诸位评判。

这本书是我第一本独立著作。在此，我想诚挚感谢竹田教授和参加竹田教授研究会的同学们的鼓励。竹田教授教会我什么是哲学，令我感激不尽。同时感谢一直以来默默守护我的父母。

平原卓

2016年2月

版权登记号:01-2020-4457

图书在版编目(CIP)数据

一本书读懂50部哲学经典 /(日)平原卓著;吕雅琼译. — 北京 :现代出版社,2020.7

ISBN 978-7-5143-8586-1

Ⅰ. ①一… Ⅱ. ①平… ②吕… Ⅲ. ①哲学—通俗读物 Ⅳ. ① B-49

中国版本图书馆CIP数据核字(2020)第118820号

一本书读懂50部哲学经典

著　　者:[日]平原卓
译　　者:吕雅琼
责任编辑:曾雪梅　朱文婷
出版发行:现代出版社
通信地址:北京市安定门外安华里504号
邮政编码:100011
电　　话:010-64267325　64245264(传真)
网　　址:www.1980xd.com
电子邮箱:xiandai@vip.sina.com
印　　刷:大厂回族自治县彩虹印刷有限公司

开　　本:880mm×1230mm　1/32
印　　张:11.75　　字　　数:262千
版　　次:2020年9月第1版　　印　　次:2021年12月第2次印刷
书　　号:ISBN 978-7-5143-8586-1
定　　价:56.00元